L
MAN
1

346.01
REN

Corinne Renault-Brahinsky

L'essentiel du Droit des personnes

2014-2015

8e édition

Gualino
lextenso éditions

RV

LES CARRÉS

Cette collection de livres présente de manière **synthétique, rigoureuse** et **pratique** l'ensemble des connaissances que l'étudiant doit posséder sur le sujet traité. Elle couvre :

- **le Droit et la Science Politique ;**
- **les Sciences économiques ;**
- **les Sciences de gestion ;**
- **les concours de la Fonction publique.**

70, rue du Gouverneur Général Éboué
92131 Issy-les-Moulineaux cedex
ISBN 978 - 2 - 297 - 04028 - 0
ISSN 1288-8206

Présentation

L'ensemble des connaissances indispensables à la compréhension du droit des personnes est présenté dans cet ouvrage de façon claire et structurée en trois parties :

- la première sur la ***personnalité juridique*** : il s'agit de déterminer le commencement, la fin de la personnalité (personne physique ou personne morale), les situations hybrides telles que l'absence ou la disparition ainsi que les modalités de protection de la personnalité juridique (corps humain, vie privée, image) ;
- la deuxième partie est consacrée à ***l'état de la personne***, c'est-à-dire aux éléments d'identification de la personne tels que le nom, le prénom, le domicile, aux modalités de protection de l'état de la personne et aux actes de l'état civil ;
- la troisième partie est consacrée ***à la protection des mineurs et majeurs vulnérables*** : condition juridique du mineur, autorité parentale, patrimoine, tutelle du mineur, protection occasionnelle du majeur, sauvegarde de justice, curatelle, tutelle, mandat de protection future...

Cet ouvrage s'adresse aux étudiants en licence et master Droit (système LMD) ainsi qu'aux candidats des concours des professions judiciaires et juridiques.

Liste des principales abréviations

Al.	Alinéa
CASF	Code de l'action sociale et des familles
C. assur.	Code des assurances
C. civ.	Code civil
C. com.	Code de commerce
C. fam.	Code de la famille et de l'aide sociale
CGI	Code général des impôts
CPC	Code de procédure civile
C. pén.	Code pénal
C. pr. pén.	Code de procédure pénale
C. rur.	Code rural
C. santé publ.	Code de la santé publique
CSS	Code de la sécurité sociale
C. trav.	Code du travail
L.	Loi
LPF	Livre des procédures fiscales

SOMMAIRE

Présentation 3

1
La personnalité juridique

Chapitre 1 – Les personnes physiques : l'acquisition et la perte de la personnalité juridique 17

1 – Le début de la personnalité ***17***

- *La naissance* 17
- *La conception* 18

2 – La fin de la personnalité juridique ***18***

- *La détermination du moment de la mort* 18
- *Les conséquences juridiques de la mort* 19

Chapitre 2 – L'absence et la disparition 21

1 – L'absence 21

- *La période de présomption d'absence* 21
  - a) La situation de la famille 21
  - b) La gestion des biens de l'absent 22
  - c) Le retour du présumé absent 22
  - d) Le décès du présumé absent 22
- *La déclaration d'absence* 23
  - a) Le délai de présentation de la requête 23
  - b) La publicité de la requête 23
  - c) Le jugement de déclaration d'absence 23
  - d) Les effets de la déclaration d'absence 23
  - e) Le retour de l'absent 24

2 – La disparition 25

- *La requête aux fins de déclaration judiciaire de décès* 25
- *Le jugement déclaratif de décès* 25
- *Le retour du disparu* 26

Chapitre 3 – Les personnes morales 27

1 – La nature des personnes morales 27

- *La théorie de la fiction* 27
- *Les théories négatrices de la personnalité morale* 27
- *La théorie de la réalité* 28

2 – La diversité des personnes morales 28

- *Les personnes morales de droit public* 28
- *Les personnes morales de droit privé* 28
- *Les personnes mixtes* 28

3 – Le régime juridique des personnes morales **28**

- *La naissance de la personne morale* 29
  - a) La société 29
  - b) L'association 29
  - c) Le syndicat 29
- *La condition juridique de la personne morale* 30
  - a) Les règles communes à toutes les personnes morales 30
  - b) Les règles spécifiques à chaque personne morale 30
- *La disparition de la personne morale* 31

Chapitre 4 – La protection du corps humain et de la vie humaine **33**

1 – La protection du corps humain **33**

- *La définition du corps humain* 33
- *Le principe d'inviolabilité du corps humain* 34
- *Les principes de non-patrimonialité et d'indisponibilité du corps humain* 34

2 – La protection de la vie humaine **35**

- *Le droit à la vie* 35
- *Le droit à la mort* 35

Chapitre 5 – La protection de l'intégrité morale de la personne humaine **37**

1 – Le droit au respect de la vie privée **37**

- *Les domaines protégés* 37
- *Les domaines litigieux* 37
- *Les domaines exclus* 38

2 – Le respect du droit à l'image **38**

3 – Le respect du droit à la voix **39**

4 – Les sanctions de la violation de l'intégrité morale ***39***
- *Les sanctions civiles* 40
- *Les sanctions pénales* 40

2
L'état de la personne

Chapitre 6 – Le nom **43**

1 – L'acquisition du nom ***43***
- *L'acquisition du nom par la filiation* 43
  - a) La filiation est établie au plus tard au jour de la naissance à l'égard des deux parents 43
  - b) La filiation est établie successivement par les père et mère 44
  - c) L'acquisition du nom par l'enfant adopté 44
- *L'acquisition du nom par voie administrative ou judiciaire* 45
- *Le nom d'usage* 46
  - a) Le nom d'usage permis par le mariage 46
  - b) Le nom d'usage permis par la filiation 46

2 – Le changement de nom ***47***
- *Le changement de nom par voie de conséquence* 47
- *Le changement de nom par voie ordinaire* 47
- *Le relèvement d'un nom menacé d'extinction* 48
- *La francisation* 48
- *L'acquisition du nom par la prescription* 49

3 – La protection du nom ***49***
- *La nature juridique du nom* 49

■ *Les usurpations de nom* 50
a) À titre privé et familial 50
b) À titre littéraire 50
c) À titre commercial 50

Chapitre 7 – Les compléments et accessoires du nom 51

1 – Le prénom ***51***
■ *Le choix du prénom* 51
■ *Le changement de prénom* 52

2 – Le pseudonyme ***52***

3 – La particule ***53***

4 – Les titres de noblesse ***53***

Chapitre 8 – Le domicile 55

1 – La détermination du domicile ***55***
■ *La fixation du domicile par la personne elle-même* 55
a) Le lieu du principal établissement 55
b) Le changement de domicile 56
■ *La fixation du domicile par la loi* 56
a) Les domiciles de fonction 56
b) Les domiciles de rattachement ou domiciles légaux de dépendance 56

2 – Les caractères du domicile ***57***
■ *La nécessité du domicile* 57
■ *L'unicité du domicile* 57
■ *L'inviolabilité du domicile* 58

3 – Le rôle du domicile ***58***

Chapitre 9 – L'état de la personne 59

1 – Les caractères généraux de l'état de la personne **59**
- *Les règles relatives à l'état des personnes sont impératives* 59
- *L'état de la personne est indivisible* 59
- *L'état a un caractère personnel* 59
- *L'état de la personne est immuable* 60
- *L'état de la personne est indisponible* 60
- *L'imprescriptibilité de l'état* 61

2 – La protection de l'état : les actions d'état **61**
- *Les caractères des actions d'état* 61
  a) Le caractère personnel des actions d'état 61
  b) Le caractère indisponible des actions d'état 61
- *La procédure des actions d'état* 62

Chapitre 10 – Les actes de l'état civil 63

1 – Les services de l'état civil **63**

2 – La rédaction des actes de l'état civil **63**
- *Les règles générales* 63
- *Les règles particulières à certains actes* 64
  a) L'acte de naissance 64
  b) L'acte de décès 65

3 – La sanction des règles de rédaction **65**
- *Les nullités* 65
- *La rectification* 65
- *Le remplacement et la reconstitution d'actes manquants* 66

4 – La fonction des actes de l'état civil **66**

- *La publicité des actes de l'état civil* 66
  - a) La délivrance d'expéditions ou d'extraits 66
  - b) Le livret de famille 67
- *La force probante des actes de l'état civil* 67

3

La protection des mineurs et majeurs vulnérables

Chapitre 11 – Les incapacités : généralités 71

1 – Les notions fondamentales du droit de la protection des personnes vulnérables **71**

- *Les notions d'incapacités de jouissance et d'exercice* 71
- *Les incapacités spéciales et les incapacités générales* 71
- *Les incapacités de suspicion et les incapacités de protection* 72

2 – La classification des actes juridiques selon leur gravité **72**

- *Les actes conservatoires* 72
- *Les actes d'administration* 72
- *Les actes de disposition* 73

Chapitre 12 – La condition juridique du mineur 75

1 – Le mineur non émancipé **75**

- *Le mineur non doué de discernement* 75
- *Le mineur doué de discernement* 75

2 – Le mineur émancipé ***76***

- *Les causes de l'émancipation* 76
  - a) L'émancipation par le mariage 76
  - b) L'émancipation judiciaire 76
- *Les effets de l'émancipation* 77

Chapitre 13 – L'autorité parentale **79**

1 – L'attribution de l'autorité parentale ***79***

- *L'exercice conjoint de l'autorité parentale* 79
  - a) L'exercice conjoint de l'autorité parentale par les parents non séparés 79
  - b) L'exercice conjoint de l'autorité parentale par les parents séparés 80
  - c) L'exercice conjoint de l'autorité parentale sur l'enfant adopté 80
- *L'exercice unilatéral de l'autorité parentale* 80
  - a) Le parent hors d'état de manifester sa volonté 80
  - b) Le parent décédé 80
  - c) Le parent divorcé ou séparé 81
  - d) Le parent non marié 81
  - e) L'exercice unilatéral de l'autorité parentale sur l'enfant adopté 81
- *L'enfant confié à un tiers* 81

2 – Les attributs de l'autorité parentale relatifs à la personne de l'enfant ***82***

- *La résidence de l'enfant* 82
- *La protection de l'enfant* 83
- *L'éducation* 83

3 – Les limitations à l'autorité parentale ***83***

- *L'assistance éducative* 84
  - a) Les conditions de l'assistance éducative 84
  - b) La mise en œuvre de l'assistance éducative 84
  - c) Les effets de l'assistance éducative 85

■ *La délégation de l'autorité parentale* 85
a) Le cadre de la délégation de l'autorité parentale 85
b) Le fonctionnement de la délégation de l'autorité parentale 85
■ *Le retrait de l'autorité parentale* 86
a) Les conditions du retrait de l'autorité parentale 86
b) Les effets du retrait de l'autorité parentale 87

4 – L'obligation d'entretien ***88***
■ *L'étendue de l'obligation d'entretien* 88
a) L'objet de l'obligation d'entretien 88
b) Les créanciers de l'obligation d'entretien 88
■ *La durée de l'obligation d'entretien* 88
■ *L'exécution de l'obligation d'entretien* 89

Chapitre 14 – Le patrimoine du mineur **91**

1 – L'administration légale ***91***

2 – La jouissance légale ***92***

Chapitre 15 – La tutelle du mineur **93**

1 – Les cas d'ouverture de la tutelle du mineur ***93***

2 – Le fonctionnement de la tutelle ***94***
■ *Le juge des tutelles* 94
■ *Le tuteur* 94
■ *Le subrogé-tuteur* 95
■ *Le conseil de famille* 95

Chapitre 16 – La protection du majeur vulnérable **97**

1 – La protection occasionnelle des majeurs ***97***
■ *Les cas de protection occasionnelle* 97
■ *Les modalités de la protection occasionnelle* 97

2 – La protection durable du majeur **_98_**

- *Les éléments communs aux différentes mesures de protection du majeur* 98
  - a) Les conditions de fond 98
  - b) Les conditions de forme 99
- *La sauvegarde de justice* 100
  - a) La mise en œuvre de la sauvegarde de justice 100
  - b) L'organisation de la sauvegarde de justice 100
  - c) La condition du majeur sous sauvegarde de justice 101
  - d) La cessation de la sauvegarde de justice 101
- *La tutelle et la curatelle* 102
  - a) Les principes communs à la tutelle et à la curatelle 102
  - b) Les règles propres à la tutelle 105
  - c) Les règles propres à la curatelle 106
- *Le mandat de protection future* 108
  - a) Les conditions du mandat de protection future 108
  - b) Les effets du mandat de protection future 108
- *La mesure d'accompagnement judiciaire* 109

Bibliographie **111**

PARTIE 1

La personnalité juridique

Chapitre 1	Les personnes physiques : l'acquisition et la perte de la personnalité juridique	17
Chapitre 2	L'absence et la disparition	21
Chapitre 3	Les personnes morales	27
Chapitre 4	La protection du corps humain et de la vie humaine	33
Chapitre 5	La protection de l'intégrité morale de la personne humaine	37

Les personnes physiques : l'acquisition et la perte de la personnalité juridique

CHAPITRE
1

La personne est un sujet de droit : elle est apte à être titulaire de droits et d'obligations, c'est-à-dire d'un patrimoine. La personnalité juridique peut être reconnue aux personnes physiques mais également aux groupements de personnes appelés « personnes morales ». La personne physique est l'être humain.

1 Le début de la personnalité

En principe, le début de la personnalité est fixé à la naissance, mais la conception peut produire également certains effets.

■ *La naissance*

La naissance constitue le point de départ de la personnalité juridique à condition que l'enfant naisse viable, c'est-à-dire doté de la capacité naturelle de vivre : il ne doit pas être né trop prématurément, ou manquer d'un organe indispensable à la vie ou souffrir de malformations rendant la mort inéluctable.

L'article 318 du Code civil prévoit qu'***« aucune action n'est reçue quant à la filiation d'un enfant qui n'est pas né viable »***. La notion de viabilité a été définie par la jurisprudence. La preuve de l'absence de viabilité peut être apportée par tous moyens par celui qui conteste la personnalité de l'enfant.

L'article 79-1, alinéa 1er du Code civil permet d'établir, pour un enfant né vivant et viable mais décédé avant sa déclaration à l'état civil, un acte de naissance et un acte de décès. Dans le cas contraire et à certaines conditions, un ***acte d'enfant sans vie*** peut être dressé (art. 79-1, al. 2, C. civ.).

La conception

« *Infans conceptus pro nato habetur quoties de commodis ejus agitur* » : par l'effet d'une fiction, ***l'enfant simplement conçu est considéré comme né toutes les fois qu'il y va de son avantage,*** à condition qu'il naisse ensuite vivant et viable La jurisprudence a fait une large application de ce principe et l'a même érigé en principe général du droit. Cette maxime signifierait que la personnalité existe avant la naissance. Elle pose la question du moment de l'apparition de la personnalité juridique. Il convient de déterminer à quel moment la vie commence puisque c'est à partir de ce moment que l'individu est protégé en tant que personne. Il n'existe pas de réponse juridique claire à cette question.

L'article 725, alinéa 1er du Code civil prévoit que celui qui n'est pas encore conçu est incapable de succéder : « *Pour succéder, il faut exister à l'instant de l'ouverture de la succession ou, ayant déjà été conçu, naître viable* ». Ainsi, ***l'enfant qui n'est pas né viable ne peut succéder***. *A contrario,* l'enfant conçu avant la mort de son auteur peut succéder. De même, la conception de l'enfant avant la donation ou le testament suffit à le rendre capable de recevoir (art. 906, C. civ.).

L'article 311 du Code civil prévoit que la conception est présumée avoir eu lieu pendant la période comprise ***entre le 300e et le 180e jour*** inclus avant la naissance. La date de la conception sera fixée à un moment quelconque de cette période « *suivant ce qui est demandé dans l'intérêt de l'enfant* » (art. 311, al. 2, C. civ.). La preuve d'une grossesse plus longue ou plus courte peut toujours être apportée par tout moyen par le demandeur.

2 La fin de la personnalité juridique

La mort marque la fin de la personnalité juridique.

La détermination du moment de la mort

Seule la détermination de ***critères précis*** définissant la mort peut permettre d'en définir le moment exact.

Le constat de la mort est fait par le ***médecin***. Généralement, la cessation de la vie végétative, avec notamment un arrêt des fonctions circulatoires et respiratoires, permet de diagnostiquer le décès mais la situation n'est pas toujours aussi simple.

La conception juridique du moment de la mort a souvent varié mais le droit positif a clairement opté pour le critère de la ***mort cérébrale*** (art. R. 1232-1, C. santé publ.). Le constat de la mort est subordonné à la présence de trois éléments :

– l'« *Absence totale de conscience et d'activité motrice constatée* » ;

– l'« *Abolition de tous les réflexes du tronc cérébral* » ;

– l'« *Absence totale de ventilation spontanée* ».

En outre, le caractère irréversible de la destruction encéphalique doit être établi.

■ *Les conséquences juridiques de la mort*

Le décès doit être déclaré dans les 24 heures de sa survenance par n'importe quelle personne. Il emporte, entre autres, ***disparition de la personnalité juridique*** et ouverture de la succession du défunt (art. 720, C. civ.).

Une inhumation ne peut avoir lieu moins de 24 heures et plus de 6 jours après le décès. Le mineur émancipé ou le majeur peut régler les ***conditions de ses funérailles*** dès lors qu'il est en état de tester. En cas de contestation, les tribunaux désignent un membre de la famille chargé de déterminer les conditions et lieux de sépulture.

Le Code civil et le Code pénal imposent le ***respect du corps humain*** même après la mort (art. 225-17, C. pén. ; art. 16-1-2, C. civ.). Ainsi, les expérimentations sur la personne qui se trouve en « coma dépassé » ou les prélèvements d'organes sur une personne décédée sont strictement organisés.

L'absence et la disparition

CHAPITRE 2

Dans certains cas, il est impossible de savoir si une personne est morte ou vivante. Si l'on ne sait plus depuis longtemps où elle se trouve, elle est dite « absente » ; si l'on a la certitude ou une quasi-certitude que la personne est décédée alors même que l'on n'a pas retrouvé son cadavre, elle est considérée comme « disparue ».

1 L'absence

Juridiquement, ***une personne absente est celle qui a cessé de paraître à son domicile ou à sa résidence sans avoir donné de nouvelles***. Par conséquent, on ne sait pas si cette personne est vivante ou morte. À la période de l'absence présumée succède celle de l'absence déclarée.

La période de présomption d'absence

L'article 112 du Code civil prévoit que « ***lorsqu'une personne a cessé de paraître au lieu de son domicile ou de sa résidence sans que l'on en ait eu de nouvelles****, le juge des tutelles peut, à la demande des parties intéressées ou du Ministère public, constater qu'il y a présomption d'absence* ». Cette décision est publiée au Répertoire civil et mentionnée en marge de l'acte de naissance (art. 1064, CPC).

a) La situation de la famille

L'absent est considéré comme étant en vie. Par conséquent, le mariage subsiste et la présomption de paternité continue à s'appliquer. L'administration légale sous contrôle judiciaire se substitue à l'administration légale pure et simple quant à la gestion des biens des enfants dans la mesure où l'un des parents est privé de l'exercice de l'autorité parentale (art. 373, C. civ.).

b) La gestion des biens de l'absent

L'intervention du juge des tutelles n'est que ***subsidiaire*** en matière de gestion des biens de l'absent. Elle est inutile dans deux cas (art. 113 et s., C. civ.) :

- lorsque le présumé absent a laissé une ***procuration*** suffisante afin de le représenter ou d'administrer ses biens ;
- lorsque le conjoint peut pourvoir suffisamment aux intérêts en cause par l'application du ***régime matrimonial*** et notamment par l'effet d'une décision obtenue sur le fondement des articles 217, 219, 1426 et 1429 du Code civil.

Dans les autres cas, le juge des tutelles a pour mission d'organiser la gestion des biens de l'absent. Pour cela, il peut désigner un ou plusieurs parents ou alliés, ou, le cas échéant, toute autre personne pour ***représenter la personne présumée absente et pour administrer tout ou partie de ses biens***. Le juge des tutelles peut éventuellement décider d'allouer une rémunération à cette personne.

La représentation du présumé absent et l'administration de ses biens sont soumises aux ***règles applicables à l'administration légale sous contrôle judiciaire telle qu'elle est prévue pour les mineurs*** (art. 113, C. civ.). Le Ministère public est spécialement chargé de veiller aux intérêts des présumés absents.

Le juge fixe, suivant l'importance des biens, les sommes qu'il convient d'affecter annuellement à l'***entretien de la famille et aux charges du mariage*** et détermine comment il est pourvu à l'entretien des enfants.

c) Le retour du présumé absent

Lorsque l'absent reparaît ou donne de ses nouvelles, le juge des tutelles met fin, sur sa demande, aux mesures prises pour sa représentation et pour l'administration de ses biens.

Il recouvre alors les ***biens gérés ou acquis pour son compte*** durant la période d'absence (art. 118, C. civ.).

d) Le décès du présumé absent

Le décès met fin à la période de présomption d'absence. Selon l'article 119 du Code civil, les ***droits acquis sans fraude*** sur le fondement de la présomption d'absence ne sont pas remis en cause en cas de décès établi de l'absent ou de déclaration judiciaire de décès, quelle que soit la date retenue pour le décès.

La déclaration d'absence

a) Le délai de présentation de la requête

Les délais dans lesquels peut être déclarée l'absence peuvent être différents selon les cas :

- *dix ans à compter du jugement constatant la présomption d'absence* ou de la mise en œuvre des articles 217, 219, 1426 et 1429 du Code civil ou
- *vingt ans à compter du jour où la personne a cessé de paraître* au lieu de son domicile ou de sa résidence dans les autres cas, c'est-à-dire à défaut de constatation judiciaire.

b) La publicité de la requête

Après avoir été visés par le Ministère public, des extraits de la requête aux fins de déclaration d'absence sont publiés dans ***deux journaux diffusés dans le département*** ou, le cas échéant, dans le pays du domicile ou de la dernière résidence de la personne demeurée sans donner de nouvelles. En outre, le tribunal saisi de la requête peut ordonner toute autre mesure de publicité dans tout lieu où il le juge utile.

c) Le jugement de déclaration d'absence

Lorsque ces publications ont été effectuées, la requête est transmise au ***tribunal de grande instance*** de la dernière résidence de l'absent par l'intermédiaire du procureur de la République (art. 124, al. 1er, C. civ.). Le tribunal peut statuer au vu des éléments fournis ou ordonner toutes mesures d'informations complémentaires.

Le ***jugement déclaratif d'absence*** doit être rendu un an au moins après la publication des extraits de la requête introductive d'instance. Par conséquent, cette dernière peut être présentée dans l'année précédant l'expiration des délais de 10 ou 20 ans prévus par l'article 122 du Code civil.

d) Les effets de la déclaration d'absence

Le jugement déclaratif d'absence est ***assimilé à un acte de décès***. Il prend effet au jour où le jugement est passé en force de chose jugée. Pour cela, plusieurs formalités doivent être accomplies :

- publication, dans un délai fixé par le tribunal, des extraits du jugement déclaratif selon les mêmes modalités que les extraits de la requête en déclaration d'absence ;

- transcription, à la requête du procureur de la République, du dispositif du jugement passé en force de chose jugée, sur les registres des décès du lieu du domicile de l'absent ou de sa dernière résidence ;
- mention de la transcription en marge des registres à la date du jugement déclarant l'absence ;
- mention de la transcription en marge de l'acte de naissance de la personne déclarée absente.

Le jugement déclaratif d'absence produit plusieurs ***autres effets*** :
- la transcription rend le jugement opposable aux tiers qui peuvent seulement en obtenir rectification en application de l'article 99 du Code civil ;
- les mesures prises pour l'administration des biens de l'absent prennent fin sauf décision contraire du tribunal ou, à défaut, du juge qui les a ordonnées ;
- le conjoint de l'absent peut contracter un nouveau mariage.

e) Le retour de l'absent

La réapparition de l'absent produit plusieurs effets :
- ***l'annulation du jugement déclaratif d'absence*** peut être poursuivie à la requête du procureur de la République ou de toute partie intéressée (art. 129, al. 1er, C. civ.). Le dispositif du jugement est publié sans délai selon les mêmes modalités que la requête aux fins de déclaration d'absence. Mention de cette décision est portée, dès sa publication, en marge du jugement déclaratif d'absence et sur tout registre qui y fait référence (art. 129, al. 3, C. civ.) ;
- ***l'absent recouvre ses biens*** et ceux qu'il aurait dû recueillir pendant son absence dans l'état où ils se trouvent ainsi que le prix de ceux qui auraient été aliénés ou les biens acquis en emploi des capitaux ou des revenus échus à son profit (art. 130, C. civ.) ;
- toute personne qui aura provoqué par ***fraude*** une déclaration d'absence sera tenue de restituer à l'absent les revenus des biens dont elle aura eu la jouissance et de lui en verser les intérêts légaux à compter du jour de la perception sans préjudice, le cas échéant, de dommages-intérêts complémentaires (art. 131, al. 1er, C. civ.). Lorsque la fraude est imputable au conjoint de l'absent, ce dernier est recevable à attaquer la liquidation du régime matrimonial auquel le jugement déclaratif d'absence a mis fin (art. 131, al. 2, C. civ.) ;
- ***les héritiers sont considérés***, sauf preuve contraire, ***comme des possesseurs de bonne foi*** : ils conservent les fruits perçus de bonne foi (art. 549, C. civ.) ;
- le ***mariage*** reste dissous (art. 132, C. civ.).

2 La disparition

La requête aux fins de déclaration judiciaire de décès

Le procureur de la République ou toute partie intéressée peut déposer une requête afin d'obtenir la déclaration judiciaire de décès de tout Français disparu en France ou hors de France dans des circonstances de nature à mettre sa vie en danger, lorsque son corps n'a pu être retrouvé. Cette procédure est également applicable lorsque le décès est certain mais que le corps n'a pu être retrouvé. Des textes spéciaux sont applicables par exemple en cas de disparition d'un avion (art. L. 142-3, C. aviation) ou de mort en déportation (loi n° 85-528 du 15 mai 1985 sur les actes et jugements déclaratifs de décès des personnes mortes en déportation).

La requête peut être présentée au tribunal de grande instance de divers lieux selon les circonstances de la disparition :

- celui du lieu de la mort ou de la disparition, si celle-ci s'est produite sur un territoire relevant de l'autorité de la France ;
- sinon, au tribunal du domicile ou de la dernière résidence du défunt ou du disparu ;
- à défaut, au tribunal du lieu du port d'attache de l'aéronef ou du bâtiment qui le transportait ;
- à défaut de tout autre, le tribunal de grande instance de Paris est compétent.

Une ***requête collective*** peut être présentée lorsque ***plusieurs personnes ont disparu*** au cours d'un même événement, au tribunal du lieu de la disparition, à celui du port d'attache du bâtiment ou de l'aéronef ou au tribunal de grande instance de Paris ou à tout autre tribunal de grande instance que l'intérêt de la cause justifie (art. 89, al. 2, C. civ.).

Le jugement déclaratif de décès

Après avoir été transmise par l'intermédiaire du procureur de la République au tribunal, l'affaire est instruite et jugée en chambre du conseil (art. 90, al. 1er, C. civ.). Le tribunal peut ordonner toute mesure d'information complémentaire.

La ***date du décès est fixée en tenant compte des présomptions tirées des circonstances de la cause et, à défaut, au jour de la disparition*** ; elle ne doit jamais être indéterminée.

Le jugement déclaratif de décès donne lieu à plusieurs ***formalités*** :

- ***transcription*** du jugement déclaratif de décès sur les registres de l'état civil du lieu réel ou présumé du décès et, le cas échéant, sur ceux du lieu du dernier domicile du défunt ;
- ***mention*** de la transcription en marge des registres à la date du décès.

Lorsqu'il s'agit d'un jugement collectif, des extraits individuels du dispositif sont transmis aux officiers de l'état civil du dernier domicile de chacun des disparus en vue de la transcription.

Le jugement déclaratif de décès tient lieu d'***acte de décès***. Il est opposable aux tiers qui peuvent seulement en obtenir la rectification conformément à l'article 99 du Code civil. Le jugement déclaratif de décès ayant les mêmes effets que le décès, le ***mariage*** est dissous et la ***succession*** s'ouvre.

■ *Le retour du disparu*

Lorsque la personne qui a fait l'objet d'un jugement déclaratif de décès reparaît, le procureur de la République ou tout intéressé peut poursuivre, dans les formes prévues aux articles 89 et suivants du Code civil, l'annulation du jugement. Il est fait mention de l'***annulation du jugement*** déclaratif en marge de sa transcription (art. 92, C. civ.).

Quant aux ***effets du retour*** du disparu, les ***mêmes règles que lors de la réapparition d'une personne déclarée absente*** sont applicables, c'est-à-dire les articles 130, 131 et 132 du Code civil.

Les personnes morales

Chapitre 3

Les personnes morales sont des groupements considérés comme des sujets de droit. Pour qu'ils puissent fonctionner efficacement, il est nécessaire de donner aux groupements une personnalité distincte de celle de ses membres, dénommée « personnalité morale ».

1 La nature des personnes morales

La question de la nature juridique de la personne morale a fait l'objet de plusieurs théories. En ***droit positif***, la théorie de la réalité a triomphé. Néanmoins, le législateur accorde la personnalité morale et fixe les conditions d'octroi de celle-ci ainsi que l'étendue de la capacité, qui varient selon le type de groupement.

■ *La théorie de la fiction*

Selon la théorie de la fiction, seul un ***être humain*** peut être titulaire de la personnalité juridique. C'est seulement par une fiction que le législateur accorde la personnalité à un groupement dans les conditions qu'il détermine.

■ *Les théories négatrices de la personnalité morale*

Les tenants de cette théorie se sont divisés en deux groupes :

- pour les premiers, notamment Planiol, la personnalité morale serait en réalité une banale ***propriété collective*** ;

– pour les seconds, la personne morale ne serait en réalité qu'un ***patrimoine sans sujet***, un patrimoine affecté à un but.

■ *La théorie de la réalité*

Selon la théorie de la réalité, les groupements constituent une réalité ; ils n'existent pas seulement de par la volonté du législateur. En effet, ***leur volonté est propre*** et différente de celle de leurs membres. Cette volonté collective leur confère par conséquent la personnalité morale.

2 La diversité des personnes morales

■ *Les personnes morales de droit public*

Les personnes morales de droit public sont l'État, des collectivités locales (régions, départements, collectivités d'outre-mer) et les établissements publics (administratifs ou industriels et commerciaux).

■ *Les personnes morales de droit privé*

Les personnes morales de droit privé sont des groupements de personnes physiques (associations, congrégations, sociétés, syndicats, groupements d'intérêt économique...) ou des groupements de biens (fondations).

■ *Les personnes mixtes*

Certaines personnes morales sont parfois considérées comme ***mixtes***, notamment les établissements publics à caractère industriel et commercial (EPIC) telles que la SNCF.

3 Le régime juridique des personnes morales

Le régime juridique des personnes morales n'est pas uniforme. Chaque type de personne morale, voire chaque personne morale possède son propre régime juridique. Néanmoins, il existe un certain nombre de règles communes à l'ensemble d'entre elles.

Il convient de distinguer d'une part les règles relatives à la naissance de la personnalité morale, d'autre part celles relatives à la condition juridique de celle-ci, enfin celles qui touchent à la disparition de la personnalité morale.

La naissance de la personne morale

Les règles relatives à l'octroi de la personnalité morale diffèrent selon le type de personne morale.

a) La société

« *La société est instituée par deux ou plusieurs personnes qui conviennent par un contrat d'affecter à une entreprise commune des biens ou leur industrie en vue de* ***partager le bénéfice ou de profiter de l'économie*** *qui pourra en résulter* » (art. 1832, al. 1er, C. civ.). Dans certains cas et à des conditions précises fixées par la loi, une société peut être créée par une seule personne : l'entreprise unipersonnelle à responsabilité limitée. Selon l'article 1842, alinéa 1er du Code civil, toutes les sociétés, sauf les sociétés en participation, possèdent la personnalité morale dès leur ***immatriculation au registre du commerce et des sociétés***.

b) L'association

L'association est un groupement de personnes qui met en commun son activité dans un ***but non lucratif*** (loi du 1er juillet 1901).

1) L'association non déclarée

L'association non déclarée est licite. Elle est autorisée sauf dans des cas exceptionnels. Cependant, elle ***n'est pas juridiquement une personne morale***.

2) L'association déclarée

La déclaration d'une association se fait à la préfecture. Le récépissé de déclaration préalable fait l'objet d'une insertion au ***Journal Officiel***.

3) L'association reconnue d'utilité publique

La reconnaissance d'utilité publique d'une association se fait par ***décret*** du gouvernement après avis du Conseil d'État.

c) Le syndicat

« *Les syndicats professionnels ont exclusivement pour objet l'étude et la* ***défense des droits*** *ainsi que des intérêts matériels et moraux, tant collectifs qu'individuels, des personnes visées par leurs statuts* » (art. L. 2131-1, C. trav.).

La création du syndicat et par conséquent l'octroi de la personnalité se fait par ***déclaration à la mairie***.

■ *La condition juridique de la personne morale*

Il existe un certain nombre de règles communes à l'ensemble des personnes morales, d'autres sont spécifiques à un type de personne morale.

a) Les règles communes à toutes les personnes morales

Les règles communes à l'ensemble des personnes morales concernent la capacité, le nom, le domicile, la nationalité ainsi que l'« adhésion » à la personne morale.

Toutes les personnes morales voient leur capacité limitée par le ***principe de spécialité***. Une personne morale ne peut accomplir que les actes juridiques qui correspondent à son objet, déterminé dans ses statuts.

Chaque personne morale a un ***nom***, protégé contre les usurpations. Il s'agit de l'un des éléments d'identification de la personne morale. Il est choisi par les représentants de la personne morale.

Le domicile de la personne morale est le lieu de son ***siège*** réel. En cas de litige, le demandeur doit assigner le défendeur qui se trouve être une personne morale devant le tribunal du lieu où celle-ci est établie (art. 43, CPC). Par exception, la règle dite « des ***gares principales*** », d'origine jurisprudentielle, permet au demandeur d'assigner la personne morale devant la juridiction dans le ressort de laquelle se trouve une succursale possédant des services administratifs.

Toute personne morale a une ***nationalité***. Elle est déterminée en considération de son siège social. La nationalité de la personne morale est indépendante de la nationalité de ses membres, personnes physiques. La nationalité permet de déterminer à quelle loi sera soumise la personne morale.

Chacun est libre d'adhérer ou non à une personne morale.

b) Les règles spécifiques à chaque personne morale

1) La société

La ***capacité*** de la société est souvent vaste dans la mesure où son objet est souvent lui-même très étendu.

Pour les sociétés à but lucratif, le ***nom*** a un caractère patrimonial marqué : il peut être cédé.

La volonté de la personne morale se forme par la loi de la ***majorité***.

2) L'association

L'étendue de la capacité de l'association dépend de ses modalités de formation, prévues dans ses statuts :

- ***l'association non déclarée :*** elle ne peut acquérir de biens ;
- ***l'association déclarée :*** elle a la « petite personnalité », c'est-à-dire qu'elle peut percevoir des cotisations de ses membres, ester en justice, acquérir et être propriétaire des immeubles nécessaires à son fonctionnement et émettre des obligations à certaines conditions (art. L. 213-8 et s., C. mon. fin.). En revanche, elle ne peut recevoir des dons et legs ;
- ***l'association reconnue d'utilité publique :*** elle possède la « grande personnalité » c'est-à-dire qu'elle a la même capacité que l'association déclarée mais elle peut également recevoir des dons et legs après autorisation du préfet ou du gouvernement par décret en Conseil d'État, selon la somme.

3) Le syndicat

Le principe de spécialité joue rarement pour les syndicats car la loi leur permet de conclure parfois des actes qui ne répondent qu'indirectement à leur objet.

Les syndicats ont la ***pleine capacité*** sans autorisation dès la déclaration. Ils peuvent recevoir des libéralités sans autorisation et acquérir des meubles et immeubles. De plus, l'article L. 2132-3 du Code du travail prévoit que les syndicats professionnels « *peuvent devant toutes les juridictions, exercer tous les droits réservés à la partie civile, concernant les faits portant un préjudice direct ou indirect à l'intérêt collectif de la profession qu'ils représentent* ».

Il existe une hiérarchie entre les syndicats : on distingue les syndicats « les plus ***représentatifs*** de la profession » des autres. Les premiers ont des attributions plus importantes ; ils concluent notamment les conventions collectives du travail. Tous possèdent la « ***grande personnalité*** ».

La volonté du syndicat se forme par la loi de la ***majorité***.

■ La disparition de la personne morale

Il existe plusieurs formes de dissolutions de la personne morale :

- décision judiciaire ;
- disparition de plein droit ;
- volonté des associés ;
- volonté de l'administration ;
- volonté du législateur.

La protection du corps humain et de la vie humaine

CHAPITRE
4

Le droit français accorde à chaque personne la protection de son individualité propre et notamment de son individualité physique à travers la protection du corps humain. Plus généralement, le droit protège la vie humaine.

1 La protection du corps humain

L'article 16-1 du Code civil, issu de la loi du 29 juillet 1994, dispose que *« chacun a droit au respect de son corps »*.

L'objectif des lois « Bioéthique » est d'assurer le respect du corps humain contre, d'une part, les atteintes dues aux tiers, qu'il s'agisse de l'État ou d'un particulier et, d'autre part, les atteintes que la personne peut se porter à elle-même. Il s'agit d'un principe déjà ancien : ***le corps humain ne peut faire l'objet d'une convention à titre gratuit ou à titre onéreux.*** Quelques assouplissements à cette règle ont été apportés par le législateur notamment en matière de dons d'éléments ou de produits du corps humain (don de sang ou de sperme, don d'organe) ou de réglementation de l'expérimentation sur l'homme.

■ *La définition du corps humain*

Le corps humain n'est pas défini précisément. La loi de 1994 se contente de distinguer le corps humain de ses éléments et produits. Néanmoins, aucune de ces notions n'a été définie par les textes. Le corps humain serait constitué à la fois d'une enveloppe charnelle et de ce qu'elle contient, c'est-à-dire les éléments (organes et cellules) et les produits (dents, lait...).

Le principe d'inviolabilité du corps humain

L'article 16-1, alinéa deuxième du Code civil dispose que « *Le corps humain est inviolable* ». L'inviolabilité est une règle ancienne qui vise à ***protéger le corps humain contre les atteintes de tiers***. Certains textes protègent le corps humain contre les atteintes illicites des tiers, qu'il s'agisse du droit pénal (homicide, coups et blessures) ou du droit civil (responsabilité civile).

Ce principe est à rapprocher de celui de ***l'intégrité*** du corps humain (art. 16-3, al. 1er, C. civ.). Ces principes peuvent connaître des limitations.

Il existe des ***atteintes à caractère licite*** prévues par un texte telles que la vaccination obligatoire, le port obligatoire de la ceinture de sécurité ou du casque, les peines d'emprisonnement ou la contrainte par corps.

L'article 16-2 du Code civil limite l'intervention du juge aux atteintes illicites. Les atteintes licites sont par conséquent admises alors qu'elles sont contraires au principe d'indisponibilité.

L'article 16-3 du Code civil prévoit qu'il peut être porté atteinte à l'intégrité du corps humain en cas de ***nécessité thérapeutique*** à condition que l'intéressé y consente, sauf s'il n'est pas à même de le faire et que cette intervention est rendue nécessaire par son état.

Les principes de non-patrimonialité et d'indisponibilité du corps humain

Le corps humain est ***indisponible,*** c'est-à-dire qu'il ne peut faire l'objet de conventions.

Avant même la loi de 1994, le ***principe d'indisponibilité du corps humain*** avait été largement consacré par la jurisprudence (notamment à propos des transsexuels et surtout des mères porteuses). Un certain nombre d'articles du Code civil issus de la loi de 1994 abordent la question de l'indisponibilité ; ils le font dans tous les cas en termes de ***non-patrimonialité***. Ces deux principes doivent être liés. En effet, le corps humain est indisponible, c'est-à-dire qu'il ne peut faire l'objet de conventions.

L'article 16-1, alinéa 3 du Code civil prévoit que « *le corps humain, ses éléments et ses produits ne peuvent faire l'objet d'un droit patrimonial* ». De même, l'article 16-5 dispose que « *les conventions ayant pour effet de conférer une valeur patrimoniale au corps humain, à ses éléments ou à ses produits sont nulles* ». Enfin, l'article 16-6 du Code civil prohibe toute rémunération pour « *celui qui se prête à une expérimentation sur sa personne, au prélèvement d'éléments de son corps ou à la collecte de produits de celui-ci* ».

Enfin, depuis la loi du 19 décembre 2008, l'article 16-1-1 du Code civil dispose que « *Le respect dû au corps humain ne cesse pas avec la mort. Les restes des personnes décédées, y compris les cendres de celles dont le corps a donné lieu à crémation, doivent être traités avec respect, dignité et décence* ».

Ces règles sont assorties de sanctions pénales (art. 511-2, 511-3 et 511-6, C. pén.).

Quelques atténuations à ces principes ont été posées :

– certains éléments du corps humain font l'objet d'une commercialisation que la coutume admet plus ou moins : cheveux, dents, lait…
– les prélèvements d'organes et de sang sont autorisés dans les limites strictement définies par la loi et gratuitement, afin de ne pas donner de valeur patrimoniale à ces éléments du corps humain.

2 La protection de la vie humaine

La protection de la vie humaine concerne le droit à la vie mais, paradoxalement aussi le droit à la mort.

■ *Le droit à la vie*

Le droit à la vie a été affirmé à de nombreuses reprises et fait l'objet de développements divers : droits de l'homme, droits de l'enfant… Ainsi, le droit à la vie est proclamé par de nombreux textes notamment :

– l'article 3 de la Déclaration universelle des droits de l'Homme : « *Tout individu a droit à la vie, à la liberté et à la sûreté de sa personne* » ;
– l'article 2 de la Convention européenne des droits de l'Homme : « *Le droit de toute personne à la vie est protégé par la loi.* » ;
– l'article 6-1 du Pacte des Nations unies relatif aux droits civiques et politiques : « *Le droit à la vie est inhérent à la personne humaine. Ce droit doit être protégé par la loi. Nul ne peut être arbitrairement privé de la vie.* » ;
– l'article 6-1 de la Convention de New York sur les droits de l'enfant : « *Les États parties reconnaissent que tout enfant a un droit inhérent à la vie* ».

■ *Le droit à la mort*

Chacun est libre de se donner la mort. Le suicide n'est pas réprimé pénalement en droit français. Néanmoins, la ***provocation au suicide*** est sanctionnée par le Code pénal (art. 223-13 à 223-15, C. pén.) depuis la loi du 31 décembre 1987.

L'***euthanasie***, qui peut être définie comme le droit de demander à autrui de donner la mort à soi-même est prohibée en droit français mais la loi du 22 avril 2005 relative aux droits des malades et à la fin de vie autorise désormais le médecin à limiter ou arrêter un traitement concernant une personne « *hors d'état d'exprimer une volonté* » alors que « *la limitation ou l'arrêt du traitement serait susceptible de mettre sa vie en danger* » (art. L. 1111-4, C. santé publ.). Le médecin peut également, lorsque le malade est en « *en phase avancée ou terminale d'une affection grave et incurable [...] et hors d'état d'***exprimer sa volonté** [...] *limiter ou arrêter un traitement inutile, disproportionné ou n'ayant d'autre objet que la seule prolongation artificielle de la vie* » (art. L. 1111-13, C. santé publ.).

La protection de l'intégrité morale de la personne humaine

CHAPITRE
5

La protection de la vie privée, de la voix et de l'image sont des droits de la personnalité c'est-à-dire des droits qui ne font pas partie du patrimoine mais sont attachés à la personne. Ces droits sont hors commerce, insaisissables, imprescriptibles et s'éteignent en principe avec la personne.

1 Le droit au respect de la vie privée

L'article 9 du Code civil prévoit que « *chacun a droit au respect de sa vie privée* ». Chaque individu a le droit de garder secrète l'intimité de son existence, qui doit être protégée contre toute divulgation ou contre l'investigation. Ce principe est consacré par de nombreuses conventions internationales. La jurisprudence réaffirme régulièrement le principe général du droit au respect de la vie privée qui doit s'appliquer à ***toute personne***, quels que soient son rang, sa naissance, sa fortune, ses fonctions présentes ou à venir.

■ Les domaines protégés

La vie privée recouvre un certain nombre de domaines : identité, vie familiale, vie sentimentale, vie conjugale ou extra-conjugale, santé, domicile et résidence, sexe, pratique religieuse..., même si les informations sont présentées de manière élogieuse.

■ Les domaines litigieux

Certains domaines, tels que la vie professionnelle, l'argent, le patrimoine, la vie privée des personnages publics ou des gens du spectacle, prêtent à discussion.

L'employeur n'est pas autorisé à demander des précisions au ***salarié***, lors de l'embauche, sur des éléments relatifs à la vie privée sauf si cette demande est faite dans l'intérêt du salarié (handicapé notamment). Un licenciement ne peut être fondé sur un motif relevant de la vie privée du salarié, sauf si cet élément personnel cause un trouble caractérisé à l'employeur. Le salarié a droit au respect de l'intimité de sa vie privée sur son lieu de travail et donc au secret de sa correspondance, notamment des courriels. De manière générale, la vie professionnelle est considérée comme faisant partie de la vie publique.

Pour les ***personnages publics***, la vie professionnelle et la vie privée sont souvent peu dissociables. Un personnage public a droit au respect de sa vie privée comme toute autre personne. Néanmoins, l'atteinte à la vie privée est atténuée lorsque, par exemple, un chanteur a fait de nombreuses déclarations à d'autres journaux relativement à sa vie sentimentale. De manière générale, en ce qui concerne la vie privée des ***personnages historiques*** et des ***personnes faisant partie de l'actualité,*** la Cour européenne des droits de l'Homme considère qu'un équilibre doit être trouvé entre le droit au respect de la vie privée d'un personnage public et la contribution au débat d'intérêt général : l'atteinte au droit au respect de la vie privée ne se justifie que si l'information contribue à un « *débat ou un événement d'intérêt général ou de l'histoire contemporaine* ».

■ *Les domaines exclus*

La jurisprudence a longtemps considéré que ***le patrimoine et l'argent*** faisaient partie de la vie privée mais la solution est désormais inverse.

Le ***consentement*** de la personne intéressée à la divulgation de sa vie privée exclut toute atteinte, à condition que soit respectée l'étendue de la divulgation qu'elle a entendu consentir. Néanmoins, ce consentement passé ne vaut pas pour l'avenir : une nouvelle divulgation doit être autorisée pour ne pas être sanctionnée. En revanche, le consentement passé peut conduire à réduire l'étendue du préjudice.

2 Le respect du droit à l'image

La nature juridique du droit à l'image est controversée. Il peut être considéré comme une des manifestations du droit au respect de la vie privée ou comme un droit spécifique.

Le droit à l'image a été ***reconnu par la jurisprudence*** dès le XIXe siècle : une personne peut s'opposer à ce qu'un tiers prenne d'elle une photographie ou un film, et à ce que son image soit publiée dans la presse ou exposée à la vue du public. Il n'est pas exigé que le tiers ait agi avec malveillance. La reproduction des traits d'une personne sans son consentement est en principe fautive, en ce qu'elle constitue la violation d'un droit subjectif. Il est en principe inutile de justifier d'un autre dommage que l'atteinte au droit mais la sanction sera plus lourde lorsque les conditions de l'utilisation de la photographie causent un préjudice spécial à la personne.

Le droit de s'opposer à la reproduction du document ***comporte des limites*** : d'une part, le droit à l'information justifie parfois leur reproduction, d'autre part, le ***lieu de la photographie*** peut justifier sa publication, ainsi la rue, la plage ou le stade... ***ayant un caractère public***, la reproduction de la photographie ne saurait alors être subordonnée à l'accord de chacune des personnes présentes. Il en va différemment si le lieu public n'est pas l'objet de la photographie mais le cadre dans lequel des personnes déterminées sont photographiées.

Depuis quelques années, la jurisprudence a amorcé une évolution dans le sens d'une remise en cause du caractère absolu du droit à l'image fondé sur le respect de l'article 10 de la Convention européenne des droits de l'Homme. Il convient en effet de trouver un ***équilibre entre respect du droit à l'image et respect du droit à l'information***.

La ***liberté de création*** peut également prévaloir, à certaines conditions, sur le droit à l'image, et justifier la publication de photographies sans l'autorisation de la personne représentée.

Sur le plan civil, les principes de la responsabilité civile s'appliquent (art. 1382 et 1383, C. civ.). Cependant, plusieurs arrêts récents de la Cour de cassation tendent à exclure l'article 1382 du Code civil pour poursuivre et réprimer les abus de la liberté d'expression.

3 Le respect du droit à la voix

La voix constitue un attribut de la personnalité. Il n'est pas possible d'***enregistrer la voix*** d'une personne sans son autorisation, qu'il s'agisse ou non de la voix d'un chanteur. En outre, chaque individu peut interdire que l'on ***imite sa voix*** dans des conditions susceptibles de créer une confusion ou de lui causer quelque autre préjudice. La jurisprudence considère la voix comme un ***attribut de la personnalité***. Le régime juridique est donc identique à celui organisant la protection du droit à l'image.

4 Les sanctions de la violation de l'intégrité morale

La violation de l'intégrité morale d'une personne entraîne la mise en œuvre de sanctions civiles mais également de sanctions pénales.

■ *Les sanctions civiles*

Les droits de la personnalité comportent les sanctions civiles ordinaires des droits subjectifs. Le titulaire d'un droit peut obtenir réparation du dommage que lui cause la violation de ce droit. Le droit commun de la responsabilité civile est possible mais mal adapté (art. 1382 et 1383, C. civ.). Le recours à l'***article 9 du Code civil*** permet à la fois :

- l'octroi de ***dommages-intérêts ;***
- le recours à certaines mesures destinées à ***faire cesser l'atteinte à l'intimité de la vie privée*** telles que le séquestre ou la saisie de l'œuvre, propres à empêcher ou faire cesser une atteinte à l'intimité de la vie privée. Les juges peuvent également ordonner la suppression de certains passages d'une publication. Ces mesures peuvent être ordonnées en référé en cas d'urgence.

Le ***droit de réponse*** permet à un particulier qui est nommé ou seulement désigné de faire connaître son point de vue sur la mise en cause dont il est l'objet.

■ *Les sanctions pénales*

Le Code pénal réprime certaines immixtions graves dans la vie privée telle que la ***violation de domicile*** ou l'ouverture de lettre ainsi que les révélations les plus répréhensibles relatives à la vie privée, par exemple le délit de ***violation du secret professionnel***.

Le ***Code pénal***, dans ses ***articles 226-1 et suivants***, regroupe les atteintes à la personnalité : atteintes à la vie privée, atteintes à la représentation de la personne, dénonciation calomnieuse, atteintes au secret, atteintes aux droits de la personne résultant des fichiers et traitements informatiques, etc.

PARTIE 2

L'état de la personne

Chapitre 6	Le nom	43
Chapitre 7	Les compléments et accessoires du nom	51
Chapitre 8	Le domicile	55
Chapitre 9	L'état de la personne	59
Chapitre 10	Les actes de l'état civil	63

Le nom

Chapitre 6

Le nom patronymique est un élément majeur d'identification de la personne. Il s'agit à la fois d'une institution de police civile et d'un droit. Il marque également le rattachement d'une personne à une famille.

1 L'acquisition du nom

■ *L'acquisition du nom par la filiation*

La loi du 4 mars 2002 relative au nom de famille, modifiée par la loi du 18 juin 2003 relative à la dévolution du nom de famille, a entraîné de nombreuses modifications en matière de nom, entrées en vigueur le 1er janvier 2005. Ces deux textes ont été complétés par un décret du 29 octobre 2004 et par la loi du 17 mai 2013 ouvrant le mariage aux personnes de même sexe.

a) La filiation est établie au plus tard au jour de la naissance à l'égard des deux parents

La filiation peut être établie simultanément à l'égard des deux parents au plus tard au jour de la naissance dans deux cas :

- ***lorsque les parents sont mariés***, la présomption de paternité permet d'établir automatiquement la paternité du mari de la femme mariée. Les deux filiations étant indivisibles, elles sont établies simultanément lors de la déclaration de naissance ;
- ***lorsque l'enfant est reconnu par ses deux parents au plus tard au jour de la déclaration de naissance***, peu importe le moment et l'ordre dans lesquels ces reconnaissances ont été effectuées. Lorsque seul le père a effectué la reconnaissance au moment de la déclaration de naissance, les filiations sont établies simultanément dans la mesure où la filiation est établie à l'égard de la mère par la désignation dans l'acte de naissance de l'enfant (art. 311-25, C. civ.).

Dans ces hypothèses, les parents ont le choix du nom dévolu aux enfants qui peut être ***celui du père, celui de la mère ou les deux noms accolés*** dans l'ordre choisi dans la limite d'un nom de famille pour chacun d'eux (art. 311-21, C. civ.).

En l'absence de choix exprimé par les parents, l'enfant prend le nom de son ***père***.

En cas de ***désaccord entre les parents***, l'enfant prend leurs deux noms, dans la limite du premier nom de famille pour chacun d'eux, accolés selon l'ordre alphabétique.

Le nom dévolu au premier enfant vaut pour les ***autres enfants communs*** : dans l'objectif de préserver la stabilité du nom, l'article 311-24 du Code civil dispose que cette faculté de choix ouverte ne peut être exercée qu'***une seule fois***.

Lorsque les parents ou l'un d'eux portent un double nom de famille, ils ne pourront transmettre qu'un seul nom à leurs enfants (art. 311-21, C. civ.).

Le choix s'effectue par ***déclaration conjointe des parents devant l'officier d'état civil*** (art. 311-21, C. civ.).

b) La filiation est établie successivement par les père et mère

En l'absence de reconnaissance conjointe de l'enfant né hors mariage, l'enfant prend le ***nom de celui de ses parents à l'égard duquel sa filiation est établie en premier***.

Dans tous les cas où le nom de l'enfant né hors mariage n'a pas été transmis par application de l'article 311-21 du Code civil, c'est-à-dire chaque fois que la filiation est établie successivement à l'égard de l'un des parents puis à l'égard de l'autre après la naissance, ses parents peuvent, par déclaration conjointe devant l'officier d'état civil, choisir pendant sa minorité soit de lui ***substituer le nom de famille*** du parent à l'égard duquel sa filiation a été établie en second lieu, soit d'accoler leurs deux noms, dans l'ordre choisi par eux, dans la limite d'un nom de famille pour chacun d'eux (art. 311-23, C. civ.). Si l'enfant a plus de treize ans, son consentement personnel est nécessaire. La ***déclaration conjointe*** est remise par les parents ou l'un d'entre eux à l'officier d'état civil ou au notaire au moment de la reconnaissance.

c) L'acquisition du nom par l'enfant adopté

1) En cas d'adoption simple

Le principe est que ***le nom de l'adoptant est ajouté à celui de l'adopté*** (art. 363, C. civ.). L'adopté majeur doit consentir à cette adjonction.

Lorsque l'adopté et l'adoptant, ou l'un d'entre eux, portent un ***double nom de famille***, le nom de l'adoptant est ajouté à celui de l'adopté dans la limite d'un nom pour chacun d'eux. Le choix appartient à l'adoptant. L'adopté âgé de plus de 13 ans doit consentir par écrit au choix du nom d'origine conservé et à l'ordre des deux noms. En cas de désaccord ou à défaut de choix, l'enfant portera son premier nom d'origine ainsi que le premier nom de l'adoptant.

En cas d'***adoption par les deux époux***, l'enfant portera son nom d'origine ainsi que le nom de l'un des deux adoptants, dans la limite d'un nom pour chacun d'eux. Si l'adopté porte un double nom de famille, les adoptants choisissent le nom conservé ainsi que l'ordre des noms, à condition de recueillir le consentement personnel de l'adopté âgé de plus de treize ans. En l'absence de choix des adoptants ou en cas de désaccord entre eux ou à défaut d'accord de l'adopté de plus de 13 ans, le nom de l'adopté sera le premier nom de l'adopté auquel s'ajoutera en seconde position le premier nom des adoptants selon l'ordre alphabétique (art. 363, al. 3, C. civ.).

En cas d'***adoption simple de l'enfant du conjoint***, le nom de l'adoptant est ajouté ou substitué au nom d'origine de l'enfant adopté, sous réserve de son consentement s'il est majeur ou âgé de plus de 13 ans.

Le tribunal peut, toutefois, à la demande de l'adoptant, décider que l'adopté ne portera que le nom de l'adoptant ou que l'enfant adopté par le conjoint de son parent conservera son nom d'origine. Cette demande peut également être formée postérieurement à l'adoption. Si l'adopté est âgé de plus de treize ans, son consentement personnel à cette substitution du nom de famille est nécessaire.

2) En cas d'adoption plénière

Le nom de l'adoptant est ***substitué au nom d'origine de l'adopté*** (art. 357, al. 3, C. civ.).

En cas d'***adoption de l'enfant du conjoint*** ou d'***adoption d'un enfant par deux époux***, l'adoptant et son conjoint ou les adoptants choisissent, par déclaration conjointe, le nom de famille dévolu à l'enfant : soit le nom de l'un d'eux, soit leurs deux noms accolés dans l'ordre choisi par eux, dans la limite d'un nom de famille pour chacun d'eux (art. 357, al. 2, C. civ.). Cette faculté de choix ne peut être exercée qu'une seule fois. Si les adoptants avaient déjà des enfants, l'adopté portera le même nom que ses frères ou sœurs (art. 357, al. 4, C. civ.).

Lorsque les adoptants ou l'un d'entre eux portent un ***double nom de famille***, ils peuvent, par une déclaration écrite conjointe, ne transmettre qu'un seul nom à l'adopté (art. 357, al. 6, C. civ.). En l'absence de déclaration conjointe de choix de nom, l'enfant prend le nom de l'adoptant et de son conjoint ou de chacun des deux adoptants, dans la limite du premier nom de famille pour chacun d'eux, accolés selon l'ordre alphabétique.

■ *L'acquisition du nom par voie administrative ou judiciaire*

L'acquisition du nom par la ***voie administrative*** est prévue par l'article 57, alinéa deuxième du Code civil et ne concerne guère désormais que les ***enfants nés sous X*** : « *La femme qui a demandé le secret de son identité lors de l'accouchement peut faire connaître les prénoms* *qu'elle souhaite voir attribuer à l'enfant. À défaut ou lorsque les parents de celui-ci ne sont pas connus, l'officier d'état civil choisit trois prénoms dont le dernier tient lieu de nom de famille à l'enfant*». La même règle s'applique lorsqu'un enfant nouveau-né est trouvé (art. 58, al. 1er, C. civ.). Cette acquisition a les mêmes conséquences que les autres modes de transmission du nom mais cesse si la filiation est établie.

Lorsqu'une personne ne peut retrouver son état civil (par exemple en cas d'amnésie), elle peut demander au tribunal de grande instance l'établissement d'un ***état civil provisoire***.

■ Le nom d'usage

Il existe deux cas d'utilisation d'un nom d'usage.

a) Le nom d'usage permis par le mariage

Une coutume voulait que la femme mariée porte le nom de son mari. La loi du 23 décembre 1985 a permis à chacun des époux de prendre le nom patronymique de l'autre à titre d'usage et se faire désigner par celui-ci. La loi du 17 mai 2013 a créé un article 225-1 dans le Code civil qui précise clairement que « *Chacun des époux peut porter, à titre d'usage, le nom de l'autre époux, par substitution ou adjonction à son propre nom dans l'ordre qu'il choisit.* ».

Aucune mention n'est faite du nom d'usage à l'état civil et sur le livret de famille. Dans ses correspondances, l'administration doit utiliser le nom d'usage indiqué par l'intéressé.

Le nom d'usage survit au décès : une ***femme veuve*** peut continuer à utiliser à titre d'usage le nom de son mari décédé.

En revanche, l'article 264, alinéa premier du Code civil prévoit la reprise par chaque époux de son nom suite au ***divorce***. Il existe des exceptions à ce principe (art. 264, al. 2, C. civ.) :

- si l'un des époux a l'accord de l'autre pour conserver l'usage de son nom ;
- si le juge l'a autorisé sur justification d'un intérêt particulier (pour lui ou les enfants).

La ***séparation de corps*** n'a aucun effet sur les principes posés en matière de nom d'usage sauf dans le cas où le jugement de séparation de corps interdit expressément à l'époux séparé de conserver l'usage du nom de son conjoint (art. 300, C. civ.).

b) Le nom d'usage permis par la filiation

L'article 43 de la loi du 23 décembre 1985 prévoit que « *toute personne majeure peut ajouter à son nom, à titre d'usage, le nom de celui de ses parents qui ne lui a pas transmis le sien. À l'égard des enfants mineurs, cette faculté est mise en œuvre par les titulaires de l'exercice de l'autorité parentale* ».

Le nom d'usage permet à une personne d'***ajouter le nom patronymique du parent dont elle ne porte pas le nom***. Cet ajout s'opère par la simple manifestation de volonté non équivoque de l'intéressé qui peut ensuite y renoncer.

Ce nom d'usage n'est pas transmissible par celui qui transmet déjà son nom patronymique. Il est possible de combiner nom d'usage acquis par mariage et celui acquis par filiation.

L'intérêt du nom d'usage est désormais limité en raison des nouvelles modalités d'attribution du nom de l'enfant.

2 Le changement de nom

Le nom est une institution de police civile. Ainsi, l'article 433-19 du Code pénal punit le fait de prendre un nom ou un accessoire de celui-ci autre que celui assigné par l'état civil ainsi que le fait de changer, altérer ou modifier le nom ou l'accessoire du nom assigné par l'état civil.

Le ***principe d'immutabilité*** a été posé par la loi du 6 Fructidor an II. La loi du 11 Germinal an XI interdit également les changements volontaires mais permet dans certains cas un changement par voie administrative. Plusieurs procédures ont ensuite permis le changement de nom par diverses autres procédures telles que la francisation ou le relèvement de nom.

■ *Le changement de nom par voie de conséquence*

En cas d'établissement ou de modification du lien de filiation suite à une action judiciaire, le juge statue sur l'attribution du nom et peut donc le ***modifier*** (art. 331, C. civ.).

Lors de l'établissement du second lien de filiation et durant la minorité de l'enfant, les parents ont la possibilité de choisir par déclaration conjointe devant l'officier de l'état civil, soit de ***substituer le nom de famille du parent à l'égard duquel la filiation a été établie en second lieu, soit d'accoler leurs deux noms***, dans l'ordre choisi par eux, dans la limite d'un nom de famille pour chacun d'eux (art. 311-23, C. civ.). Le changement de nom est mentionné en marge de l'acte de naissance.

■ *Le changement de nom par voie ordinaire*

« *Toute personne qui justifie d'un intérêt légitime peut demander à changer de nom* » (art. 61, al. 1er, C. civ.), par exemple parce que son nom est ridicule, déshonoré, a une apparence ou consonance ridicule ou étrangère ou en vue d'une simplification du patronyme.

Le changement est autorisé par ***décret simple***. La requête est portée devant le garde des Sceaux.

Tout intéressé peut faire ***opposition*** au décret qui porte changement de nom devant le Conseil d'État pendant un délai de deux mois à compter de la publication du décret au Journal officiel (un an dans la loi de Germinal).

Le décret et donc le changement de nom prendra effet, lorsqu'il n'y a pas d'opposition, à l'expiration du délai pendant lequel elle est recevable, c'est-à-dire ***deux mois***. S'il y a eu opposition, le décret ne prend effet qu'après le rejet de l'opposition.

Le changement de nom ***s'étend de plein droit aux enfants*** du bénéficiaire s'ils ont moins de 13 ans. Si l'enfant a plus de 13 ans, son consentement personnel est requis.

Le changement de nom fait l'objet d'une ***mention en marge de l'acte d'état civil*** de l'intéressé et, le cas échéant, de ceux de son conjoint et de ses enfants (art. 61-4, C. civ.). Il est opposable à tous (art. 100, C. civ.).

■ *Le relèvement d'un nom menacé d'extinction*

La procédure de relèvement de nom a pour objectif d'***éviter l'extinction d'un nom*** porté par un ascendant ou un collatéral du demandeur jusqu'au quatrième degré (art. 61, al. 2, C. civ.). La procédure est identique à celle du changement par voie ordinaire.

La décision de changement de nom sera ***mentionnée en marge de l'acte de l'état civil*** de l'intéressé et éventuellement de ceux de son conjoint et de ses enfants. Cette rectification est opposable à tous (art. 100, C. civ.).

En application de la loi du 2 juillet 1923, le nom d'un ***citoyen mort pour la patrie*** sans postérité peut, si le défunt est le dernier représentant masculin d'une famille, être relevé par son plus proche successible et, si celui-ci ne l'exerce pas, les autres successibles dans l'ordre légal, jusqu'au sixième degré inclus. Le demandeur doit déposer une requête devant le tribunal de grande instance du lieu de l'ouverture de la succession.

■ *La francisation*

Une personne qui acquiert ou recouvre la nationalité française peut demander la francisation de son nom lorsque ***son apparence, sa consonance ou son caractère étranger peut gêner son intégration*** dans la communauté française (loi n° 72-964 du 25 octobre 1972).

La demande peut être présentée lors de la demande de naturalisation ou de réintégration ou dans le ***délai d'un an*** suivant l'acquisition de la nationalité française ou la réintégration dans cette nationalité. La francisation est accordée sur le rapport du ministre chargé des Naturalisations soit par le ***décret*** conférant la naturalisation ou la réintégration, soit par un décret postérieur à l'acquisition de la nationalité française.

La francisation ***s'étend de plein droit aux enfants*** mineurs bénéficiaires de l'effet collectif prévu dans le Code de la nationalité française et aux enfants, français à un autre titre, lorsque le parent dont ils portent le nom acquiert ou recouvre la nationalité française (sauf lorsqu'ils ont eux-mêmes engagé une demande de francisation).

Tout intéressé peut faire ***opposition*** au décret portant francisation du nom dans un délai de deux mois à compter de la publication au Journal officiel. En l'absence d'opposition, le décret portant francisation de nom prend effet à l'expiration du délai de deux mois pendant lequel l'opposition est recevable ou, dans le cas contraire, après le rejet de l'opposition ; lorsque le décret porte seulement francisation, il prend effet au jour de sa signature. Mention du nom francisé est faite en marge des actes de l'état civil du bénéficiaire et éventuellement de son conjoint et de ses enfants sur réquisition du procureur de la République du lieu de domicile du bénéficiaire.

■ *L'acquisition du nom par la prescription*

La jurisprudence refuse que le nom s'acquière par prescription, sauf possession extrêmement prolongée du nom et à condition que l'usage en ait été « loyal, public, incontesté ».

3 La protection du nom

■ *La nature juridique du nom*

Le nom est une institution de police civile. Il s'agit d'un droit subjectif proclamé par de nombreux textes internationaux.

Pour certains, le nom est un droit de propriété alors que pour d'autres, il s'agit d'un ***droit extra-patrimonial***, à la fois droit de la personnalité et droit de la famille. La jurisprudence ne consacre la première théorie que dans des conditions restrictives. Le droit positif opte plutôt pour la seconde théorie qui a pour conséquence de rendre le nom insaisissable, indisponible et imprescriptible. En outre, le nom est obligatoire et immuable :

- ***le nom est insaisissable et indisponible*** : le nom ne peut faire l'objet d'un contrat. Ce caractère découle de la conception patrimoniale du nom. La Cour de cassation a posé le « *principe de l'inaliénabilité et de l'imprescriptibilité du nom patronymique, qui empêche un titulaire d'en disposer librement pour identifier au même titre une autre personne physique* » (*Com., 12 mars 1985*). Il existe des dérogations à ce principe d'indisponibilité : usage du nom du conjoint après divorce, utilisation par le commerçant de son nom patronymique qui acquiert alors une valeur patrimoniale... ;

- *le nom est imprescriptible* : le nom ne peut se perdre par le non-usage prolongé. Par exception, la possession prolongée du nom permet à un individu, selon la jurisprudence, de conserver ce nom dès lors que l'usage en a été loyal, public, incontesté ;
- *le nom est immuable* : il ne peut être modifié, sauf exceptions prévues restrictivement par la loi.

Les usurpations de nom

a) À titre privé et familial

Toute personne peut contester l'***utilisation illicite par un tiers ou l'attribution à un tiers de son propre nom***. Elle doit alors demander au juge d'interdire au tiers de porter son nom. Le titulaire du nom usurpé ***n'a pas besoin de justifier d'un préjudice effectif*** : il suffit que son nom soit usurpé, ce qui constitue son intérêt à agir. Cette action peut être exercée par le porteur du nom usurpé, les parents qui ne portent pas ce nom mais ont un intérêt à agir ou par le Ministère public. Il s'agit d'une action en contestation d'état.

b) À titre littéraire

Le porteur légitime d'un nom peut exercer une ***action en responsabilité civile*** contre l'écrivain ou le cinéaste qui l'utilise à des fins littéraires ou artistiques.

Il doit justifier, en application du droit commun de la responsabilité :
- d'une *faute* : l'auteur doit avoir usé abusivement du nom du porteur légitime ;
- d'un *préjudice* : le discrédit doit être jeté sur le personnage réel à travers le personnage fictif ;
- d'un *lien de causalité* : une confusion doit être possible entre le porteur et le personnage de fiction.

c) À titre commercial

Les conditions de la contestation de l'usage d'un nom à titre commercial sont les mêmes que lorsqu'il s'agit d'une usurpation à titre littéraire et artistique. Il s'agit pour le porteur légitime de contester l'utilisation de son nom patronymique à des fins commerciales.

Les compléments et accessoires du nom

Chapitre 7

Le nom patronymique est complété par le prénom et éventuellement par un pseudonyme, une particule, un titre de noblesse...

1 Le prénom

Le prénom est l'un des facteurs d'identification de l'individu, au sein d'une même famille (même s'il n'est pas interdit de donner des prénoms identiques dans une même famille).

Le choix du prénom

L'attribution d'un prénom est obligatoire. Plusieurs prénoms peuvent être choisis. Tout prénom figurant dans l'acte de naissance peut être choisi comme prénom usuel.

Le choix est effectué par les parents. Il est ***libre*** : l'officier d'état civil doit porter immédiatement sur l'acte de naissance les prénoms qui sont choisis.

Le contrôle *a priori* du choix du prénom a été supprimé. Désormais, lorsque l'officier d'état civil considère que les « ***prénoms ou l'un d'eux, seul ou associé aux autres prénoms*** » peuvent être contraires à l'intérêt de l'enfant ou aux droits des tiers à voir protéger leur patronyme, il en avise sans délai le procureur de la République. Celui-ci peut alors éventuellement saisir le juge aux affaires familiales. Seul ce dernier, s'il estime que le prénom est effectivement ***contraire à l'intérêt de l'enfant*** ou qu'il méconnaît le droit des tiers à voir protéger leur patronyme, peut ordonner sa suppression sur le registre de l'état civil. Les parents doivent alors choisir un autre prénom. À défaut, le juge aux affaires familiales effectue lui-même ce choix. Il est fait mention de cette décision en marge des actes de l'état civil de l'enfant.

Le changement de prénom

L'article 60 du Code civil donne la possibilité à toute personne qui justifie d'un ***intérêt légitime*** de changer de prénom : désir de réaliser une complète assimilation à la communauté française, usage prolongé d'un prénom, intégration dans une communauté étrangère, intégration dans une communauté religieuse... Pour l'ensemble de ces hypothèses, les faits propres à l'espèce doivent être appréciés par les juges du fond qui peuvent également se prononcer par un refus si l'intérêt légitime avancé par le demandeur n'est pas suffisamment motivé et prouvé.

L'intéressé doit déposer sa requête auprès du juge aux affaires familiales. S'il s'agit d'un mineur, la requête est déposée par son représentant légal. La même procédure doit être utilisée pour l'adjonction ou la suppression de prénoms.

Le consentement personnel de l'enfant de plus de 13 ans est obligatoire et peut être donné sous n'importe quelle forme (simple attestation, audition du mineur par le juge...).

La décision de changement de prénom sera mentionnée en marge de l'acte civil de l'intéressé et éventuellement de ceux de son conjoint et de ses enfants. Cette rectification est opposable à tous (art. 100, C. civ.).

Le prénom peut être modifié pour être francisé. La ***francisation*** du prénom est généralement demandée lors du changement de nom par francisation. Depuis 2005, la demande de francisation du prénom peut être présentée sans condition de délai « *par des personnes ayant acquis ou recouvré la nationalité française et justifiant de l'utilisation de prénoms précédemment francisés à l'initiative des autorités françaises* ».

2 Le pseudonyme

Le pseudonyme est un ***nom d'emprunt***, de fantaisie. Le plus souvent, il a pour objectif, pour son utilisateur, de cacher sa véritable identité dans l'exercice d'une activité professionnelle, le plus souvent artistique ou commerciale.

Néanmoins, il n'est pas impossible que l'utilisation en soit faite dans la vie civile, dans des activités privées mais « *il est expressément défendu à tous fonctionnaires publics de désigner les citoyens dans les actes autrement que par le nom de famille, les prénoms portés en l'acte de naissance [...] ni d'en exprimer d'autres dans les expéditions et extraits qu'ils délivreront à l'avenir* » (L. 6 Fructidor an II, art. 4). Certaines professions, telles que la médecine, ne peuvent être exercées sous un pseudonyme.

Le choix d'un pseudonyme est limité : il ne peut s'agir du nom patronymique d'un tiers si celui-ci s'y oppose en raison d'une confusion préjudiciable c'est-à-dire en cas de fraude.

Le pseudonyme peut être protégé contre l'utilisation des tiers, un peu comme le nom commercial.

3 La particule

La particule est le « de, du, de la, des, d' » qui précède le nom patronymique. Elle ***fait partie du nom patronymique et obéit à son régime***. Elle peut par conséquent être ***protégée contre les usurpations***.

Une particule peut également être rétablie lorsqu'elle a disparu pendant un temps plus ou moins long.

Si la particule a été ***omise sur les actes de l'état civil***, le rétablissement de l'acte se fera par le recours à une action en rectification des actes de l'état civil.

4 Les titres de noblesse

Le titre de noblesse est un ***accessoire honorifique*** du nom patronymique (vicomte, comte, prince, duc, marquis...).

Les tribunaux judiciaires sont compétents en cas de contestation relative à la possession d'un titre de noblesse c'est-à-dire pour déterminer, en l'absence de contestation sur un titre, qui est celui qui peut le porter.

La contestation du titre en lui-même relève de la compétence d'un conseil d'administration spécial, qui siège au ministère de la Justice. Un recours est possible devant le Conseil d'État.

Le domicile

CHAPITRE
8

Le domicile de tout Français, quant à l'exercice de ses droits civils, est au lieu où il a son principal établissement. Le domicile est un moyen d'identification de la personne.

1 La détermination du domicile

En règle générale, chaque personne choisit son domicile mais le législateur peut désigner des domiciles légaux.

■ *La fixation du domicile par la personne elle-même*

Le domicile que la personne a choisi elle-même est dénommé « domicile volontaire ».

a) Le lieu du principal établissement

Selon l'article 102 du Code civil, le domicile de tout Français est, quant à l'exercice de ses droits civils, au ***lieu où il a son principal établissement.*** Il appartient à chacun de fixer librement le centre de ses affaires mais la volonté de fixer son domicile en un certain lieu ne suffit pas. Il faut pouvoir caractériser objectivement le principal établissement grâce à la fois à ***un élément intentionnel*** et à ***un élément matériel.*** Il s'agit d'une question de fait que les tribunaux apprécient souverainement en cas de contestation.

Le titre juridique selon lequel un individu occupe un lieu n'intervient pas dans la définition du domicile. Pour déterminer le lieu du principal établissement, les juges peuvent tenir compte de différents critères : résidence habituelle de la personne, siège des intérêts familiaux, siège des intérêts pécuniaires, lieu d'exercice de l'activité professionnelle principale… Certains tribunaux font prévaloir, en cas de contradiction entre ces différents critères, le lieu de résidence effective, d'autres le lieu d'exercice de l'activité professionnelle.

b) Le changement de domicile

Pour changer de domicile, une personne doit aller habiter réellement dans un autre lieu et avoir l'intention d'y fixer son principal établissement. L'article 104 du Code civil offre un moyen pratique d'extérioriser cette intention : il convient d'effectuer une ***double déclaration***, d'une part à la mairie du lieu que l'on quitte et, d'autre part, à celle du lieu où l'on va habiter. L'emploi de ce moyen n'est ni nécessaire, ni suffisant : la preuve des deux conditions (volonté et établissement principal) doit être apportée. À défaut de déclaration expresse, la preuve de l'intention dépendra des circonstances (art. 105, C. civ.) qui seront appréciées souverainement par les juges du fond.

■ *La fixation du domicile par la loi*

La loi attribue d'autorité un domicile à certaines personnes : il s'agit du domicile légal.

a) Les domiciles de fonction

- les ***fonctionnaires nommés à vie*** (au contraire de ceux, majoritaires, qui acceptent une fonction temporaire et révocable) sont domiciliés dans la ville où ils doivent exercer leurs fonctions dès le moment où ils acceptent celles-ci et avant même qu'ils y résident (art. 107, C. civ.). Cette règle est appliquée plus ou moins strictement ;
- les ***bateliers***, qui n'ont pas de domicile légal ni de résidence stable, sont tenus de choisir un domicile dans une commune dont le nom figure sur une liste établie par l'Administration (art. 102, al. 2, C. civ.) ;
- les ***« gens du voyage »*** doivent choisir une commune de rattachement (art. 7, L. 3 janvier 1969) ; ce lieu produit une partie seulement des effets attachés au domicile ;
- les ***personnes sans domicile stable ou fixe*** peuvent choisir une domiciliation soit auprès d'un organisme agréé à cet effet, soit auprès d'un centre communal ou intercommunal d'action sociale (art. L. 264-2, CASF).

b) Les domiciles de rattachement ou domiciles légaux de dépendance

Certaines personnes ont leur domicile chez d'autres en raison du lien qui les unit à celles-ci :

- les ***mineurs non émancipés*** : ils ont leur domicile chez leurs parents ou chez leur tuteur même s'ils résident ailleurs. Si le père et la mère ont des domiciles différents, le mineur est domicilié chez celui avec lequel il réside (art. 108-2, al. 2, C. civ.) ;

– le ***majeur en tutelle*** est domicilié chez son tuteur (art. 108-3, C. civ.) ;
– les ***majeurs qui servent ou travaillent habituellement chez autrui*** ont le même domicile que la personne qu'ils servent ou chez laquelle ils travaillent à deux conditions : d'une part, qu'ils travaillent habituellement chez cette personne, et, d'autre part, qu'ils habitent sa maison (art. 109, C. civ.).

Avant la loi du 11 juillet 1975, la femme mariée avait un domicile légal, celui de son mari. Désormais, ***le mari et la femme peuvent avoir des domiciles distincts.***

2 Les caractères du domicile

■ *La nécessité du domicile*

Le domicile est ***nécessaire.*** Toute personne a un domicile et conserve celui-ci même si elle a perdu tout contact avec lui tant que la preuve de l'acquisition d'un domicile nouveau n'est pas faite. À défaut d'autres indications, une personne est donc présumée avoir toujours son domicile d'origine, c'est-à-dire celui de ses parents ou de son tuteur.

■ *L'unicité du domicile*

Chaque individu n'a qu'***un seul domicile*** jusqu'à ce qu'il prouve qu'il en a changé. En cas de changement de domicile, le nouveau remplace l'ancien, il ne peut y en avoir deux.

Il existe des dérogations au principe de l'unicité du domicile :

– une ***dérogation conventionnelle*** : l'élection de domicile ; le domicile élu n'est pas un lieu où habite un individu. Il s'agit d'un lieu désigné comme domicile pour que s'y déroulent certains effets attachés au domicile. L'élection du domicile fixe le lieu où seront signifiés certains actes juridiques. En principe, l'élection de domicile est facultative mais la loi peut exceptionnellement l'imposer ;
– des ***dérogations légales*** : les domiciles spéciaux.
  Exemple : en droit fiscal, sont assujettis à l'impôt les personnes ayant leur foyer en France ainsi que celles qui y ont le centre de leurs activités économiques ;
– des ***dérogations jurisprudentielles*** : la jurisprudence a décidé d'assouplir le système en conférant d'elle-même divers effets juridiques à des lieux autres que le domicile, par exemple la résidence.

L'inviolabilité du domicile

Le domicile est protégé par l'article 226-4 du Code pénal qui sanctionne *« l'introduction ou le maintien dans le domicile d'autrui à l'aide de manœuvres, menaces, voies de fait ou contrainte »*.

3 Le rôle du domicile

La détermination du domicile permet de régler plusieurs problèmes :

- en ***droit international privé***, elle permet de déterminer la loi applicable ;
- en ***matière procédurale***, elle permet de déterminer la juridiction territorialement compétente (art. 42 et 43, CPC) et de fixer le lieu de notification des actes de procédure (art. 655, CPC) ;
- en ***droit des successions***, le lieu du dernier domicile du défunt est celui où s'ouvre la succession ;
- le ***paiement d'une dette*** se fait dans certains cas au domicile du débiteur (art. 1247, al. 3, C. civ.) ;
- lorsque le ***créancier refuse de recevoir son paiement***, le débiteur doit faire des offres au domicile du créancier à défaut d'autres dispositions conventionnelles (art. 1258-6°, C. civ.).

La ***résidence*** est le lieu où une personne vit de façon habituelle, l'***habitation*** celui où elle séjourne brièvement et occasionnellement. La résidence, présentée comme une situation de fait, n'est cependant pas totalement dépourvue d'effets juridiques, de même pour l'habitation.

L'état de la personne

CHAPITRE
9

L'état de la personne est constitué par une série de particularités ou de qualités auxquelles la loi attache diverses conséquences juridiques. Il s'agit d'éléments qui concourent à individualiser chaque personne dans la société. L'état de la personne se définit par des facteurs d'ordre naturel (sexe, âge, santé...) et des facteurs d'ordre social (nom, prénom, mariage, filiation...). Les actions d'état permettent la protection de l'état de la personne.

1 Les caractères généraux de l'état de la personne

Les règles relatives à l'état des personnes sont impératives

La loi fixe de manière impérative les différentes règles selon lesquelles se perd, s'acquiert ou se modifie tel ou tel élément de l'état des personnes, ainsi que les droits et devoirs qui en découlent pour l'individu. ***L'état d'une personne est opposable à tous***.

L'état de la personne est indivisible

Il n'est pas possible d'avoir deux ou plusieurs états. On ne peut non plus choisir ou renoncer à certains éléments de son état.

L'état a un caractère personnel

Les éléments de l'état de la personne sont liés à la ***personne*** et non au patrimoine de celle-ci, ce qui a deux conséquences :

– l'état de la personne est indivisible : il n'est pas possible d'avoir deux ou plusieurs états. On ne peut non plus choisir ou renoncer à certains éléments de son état ;

– l'état de la personne est insaisissable : ***les créanciers ne peuvent exercer les actions d'état***, qui appartiennent à leur débiteur, au nom de celui-ci.

■ *L'état de la personne est immuable*

Il n'est pas possible de ***changer d'état***.

L'immutabilité n'est cependant pas absolue. La loi permet une mutabilité contrôlée : il est permis de changer de nom, de nationalité... à des conditions souvent très restrictives mais certains éléments restent immuables tels que date et lieu de naissance, sexe (cf. *infra* pour les transsexuels)...

L'état de la personne est ***hors du commerce***.

■ *L'état de la personne est indisponible*

Le principe de l'indisponibilité des personnes signifie que ***nul ne peut disposer de l'état d'une personne*** c'est-à-dire modifier à sa convenance le sexe, l'âge, la filiation...

La jurisprudence semble avoir consacré cette règle à propos des ***transsexuels***. Néanmoins, la loi de 1994 relative au corps humain n'affirme pas ce principe.

La jurisprudence française a longtemps montré son hostilité à la reconnaissance, au profit des transsexuels, d'un droit à modifier leur état civil et notamment la mention de leur sexe en vertu du principe de l'indisponibilité des personnes. Après avoir été condamnée par la ***Cour européenne des droits de l'homme***, en 1992, la Cour de cassation s'est incliné tout en maintenant le principe d'indisponibilité des personnes, sur le fondement du respect de la vie privée des transsexuels. Dans cet arrêt de 1992, la ***Cour de cassation*** ne reconnaît pas que le transsexuel a changé de sexe mais indique qu'il s'est plutôt rapproché de l'autre sexe. Alors que la jurisprudence de la Cour de cassation, directement ou indirectement, fondait auparavant son refus sur le principe de l'indisponibilité de l'état des personnes, elle dit alors clairement que « *le principe de l'indisponibilité des personnes ne fait pas obstacle à une telle modification* ». En effet, le principe est sans intérêt dans la mesure où il n'est pas question, selon la Cour de cassation, d'acquérir un sexe nouveau, mais simplement de se rapprocher de celui-ci, sans abandon du sexe initial, dont certains caractères seulement disparaissent. La Cour de cassation ayant été contrainte à admettre la modification des documents d'état civil des transsexuels, elle subordonne néanmoins cette possibilité à certaines conditions (reconnaissance médicale du transsexualisme, opération de conversion sexuelle effectuée, apparence physique proche de l'autre sexe, comportement social correspondant au sexe revendiqué). Tout cela justifie pour la personne transsexuelle « *que son état civil indique désormais le sexe dont elle a l'apparence* ».

Les juges du fond devront constater l'existence de ces conditions sous peine de voir leur décision censurée.

■ *L'imprescriptibilité de l'état*

En principe, un élément de l'état de la personne ne peut être acquis ou perdu par le seul effet de l'écoulement d'un certain temps. Ce principe n'est plus appliqué aussi strictement aujourd'hui :

- au bout d'un certain temps, il n'est plus possible d'exercer certaines actions d'état (exemple : art. 321, C. civ. en matière de filiation (10 ans)) ;
- la possession d'état est prise en compte en matière de filiation, notamment lorsqu'elle a duré un certain temps.

2 La protection de l'état : les actions d'état

Les actions d'état sont toutes les ***actions en justice*** qui ont pour objet une question d'état des personnes, qu'il s'agisse de ***constituer*** ou de ***modifier*** celui-ci.

Exemples : action en recherche de paternité, action tendant au retrait de l'autorité parentale...

■ *Les caractères des actions d'état*

a) Le caractère personnel des actions d'état

L'action d'état ne peut être exercée que par l'intéressé lui-même. Les actions d'état ne peuvent être exercées par un créancier au nom de son débiteur, ni par des héritiers, auxquels elles sont intransmissibles (art. 1166, C. civ.). Exceptionnellement, les actions relatives à la filiation peuvent être exercées par les héritiers lorsque la personne est décédée avant l'expiration du délai qui lui était imparti pour agir (art. 322, al. 1er et 2, C. civ.). Les héritiers peuvent aussi poursuivre une action déjà engagée par la personne intéressée avant sa mort mais dans ces hypothèses, l'action cesse d'être une action d'état pour devenir une action à fins pécuniaires ; elle perd entre les mains de ces héritiers son caractère indisponible qui est le second caractère des actions d'état.

b) Le caractère indisponible des actions d'état

Les actions d'état sont indisponibles c'est-à-dire qu'elles ne peuvent pas faire l'objet de conventions. ***Toute convention en matière d'état des personnes est absolument nulle*** et certaines conventions sont des infractions pénales (*exemple* : supposition d'enfant : déclarer un enfant né d'une autre femme que sa mère).

Il est interdit de renoncer à l'avance à se prévaloir de son état. Cette règle est formellement édictée par l'article 323 du Code civil pour les actions relatives à la filiation mais elle est admise pour toutes les actions d'état en général.

■ *La procédure des actions d'état*

Les actions d'état doivent être portées devant le ***tribunal de grande instance***. Lorsqu'une question d'état se pose à une autre juridiction, elle doit surseoir à statuer jusqu'à ce que le tribunal de grande instance ait tranché cette question. Par exception, les tribunaux répressifs peuvent trancher une question d'état sauf en cas d'infraction portant atteinte à la filiation de l'individu (art. 319, C. civ.).

Les actes de l'état civil

CHAPITRE 10

L'état civil est une institution destinée à rendre publics les principaux éléments qui individualisent la personne.

1 Les services de l'état civil

L'officier d'état civil a pour mission de recevoir les actes de l'état civil.

Les officiers d'état civil sont en principe le ***maire***, à défaut un adjoint ou un conseiller municipal. Le maire peut ***déléguer*** certains agents communaux à la réception des actes de l'état civil. À l'exception de l'acte de mariage, les actes d'état civil peuvent être dressés hors la présence de l'officier d'état civil et sous la seule signature de l'agent délégué (art. L. 2122-32, CGCT).

Il existe une ***compétence ratione materiae*** : l'officier d'état civil a une compétence pour l'acte de naissance, l'acte de mariage et l'acte de décès. Il s'agit d'une compétence exclusive. Il a également compétence pour la reconnaissance des enfants mais partagée avec les notaires (art. 316, C. civ.).

La ***compétence territoriale*** est celle de la commune. L'officier d'état civil ne peut instrumenter que pour des actes ayant un lien territorial avec la commune, sauf pour la reconnaissance d'un enfant qui peut avoir lieu dans n'importe quelle mairie.

2 La rédaction des actes de l'état civil

■ *Les règles générales*

Les actes de l'état civil sont rédigés sur des registres ou sur des feuilles de papier libre qui seront ultérieurement reliées.

Les actes sont inscrits dans un registre qui existe dans chaque mairie et qui est unique ou subdivisé en trois : naissance, mariage, décès. Le registre unique ou les trois registres sont tenus en double. Chaque année, le ou les registres sont clos : l'un des originaux reste à la ***mairie***, l'autre est déposé au ***greffe du tribunal de grande instance***.

De nombreux textes prévoient ***une inscription en marge*** de l'acte de l'état civil, c'est-à-dire qu'en marge d'un acte, essentiellement l'acte de naissance, seront indiqués la date, la nature et le lieu d'établissement d'autres actes de l'état civil qui intéressent la même personne. Il s'agit de rassembler sur un même document des informations éparses. Depuis 1989, ces mentions ne sont plus reportées sur les registres possédés par le greffe.

Le ***répertoire civil*** est un registre tenu au greffe du tribunal de grande instance où sont portés des extraits de jugement concernant l'état des personnes, certaines demandes en justice concernant l'état des personnes et certaines intéressant les mesures de protection des majeurs et les régimes matrimoniaux. C'est le lieu de naissance de l'intéressé qui détermine le répertoire civil où une indication doit être notée.

Les ***actes de l'état civil des Français nés à l'étranger*** sont dressés par les agents diplomatiques et les consuls de France dans les pays étrangers, à défaut par les autorités locales ; dans ce cas, ils doivent être retranscrits sur les registres tenus par les agents diplomatiques ou les consuls. Le double de ces registres est conservé à Nantes (service central d'état civil qui dépend du ministère des Affaires étrangères). Ce service gère également le répertoire civil des Français nés à l'étranger.

Les règles particulières à certains actes

a) L'acte de naissance

Déclarer la naissance est une obligation civile qui pèse sur le père de l'enfant ainsi que sur le médecin ou sur la sage-femme ou encore sur les autres personnes ayant assisté à l'accouchement et enfin sur la personne chez qui la mère a accouché (art. 55 et s., C. civ.).

La naissance ***doit être déclarée dans les trois jours de l'accouchement*** sous peine de sanctions civiles. En cas de retard, l'officier d'état civil doit refuser de dresser l'acte de naissance qui ne pourra l'être qu'à la suite d'un jugement.

L'acte est dressé suivant les indications du déclarant. Il doit énoncer le ***lieu, la date et l'heure de la naissance, le sexe de l'enfant et si possible sa filiation***. L'acte de naissance est reçu à la ***mairie du lieu de naissance***. Lorsqu'il s'agit d'un enfant trouvé ou déclaré sans indication de filiation, l'officier d'état civil lui attribue trois prénoms et dresse un procès-verbal qui relate les circonstances de la découverte. Le procès-verbal est inscrit sur les registres de l'état civil puis à la suite de ce procès-verbal, l'officier d'état civil établit un acte qui tient lieu d'acte de naissance. En cas d'adoption plénière, la décision qui la prononce est transcrite sur les registres d'état civil du lieu de naissance de l'enfant et cette transcription tient lieu d'acte de naissance, c'est-à-dire que l'acte originaire est considéré comme nul.

b) L'acte de décès

Aucune inhumation ne peut avoir lieu avant 24 heures après le décès. Elle ne peut se faire que sur présentation d'une autorisation délivrée par l'officier d'état civil au vu d'un ***certificat délivré par un médecin***. L'acte de décès est dressé d'après les déclarations d'une personne autant que possible parente du défunt (art. 78, C. civ.). L'article 79 du Code civil énumère les énonciations que doit contenir l'acte de décès. La mention des circonstances de la mort n'est pas exigée et même parfois prohibée (art. 85, C. civ.).

3 La sanction des règles de rédaction

■ *Les nullités*

Les irrégularités dans les actes de l'état civil sont sanctionnées par une ***amende*** frappant l'officier d'état civil et des dommages-intérêts qui sont mis à sa charge. Il est exceptionnel qu'un acte d'état civil irrégulier soit déclaré nul.

■ *La rectification*

La rectification permet de corriger les ***irrégularités, lacunes, erreurs*** dans les actes d'état civil. Lorsque l'acte contient une omission ou une mention prohibée par la loi ou une faute d'orthographe dans les noms, il peut être rectifié mais lorsque, par exemple, une personne prétend que la mention des parents que lui attribue l'acte de naissance est inexacte, elle demande dans ce cas un changement d'état et doit alors exercer une action d'état.

Il y a deux modes de rectification de l'état civil :

- ***rectification administrative*** : le procureur de la République vérifie annuellement les registres d'état civil. S'il constate des erreurs ou des omissions purement matérielles et évidentes, il peut les rectifier ou inviter l'officier d'état civil à les rectifier (art. 99, C. civ.) ; la demande peut également être faite par tout intéressé ;
- ***rectification judiciaire*** : lorsque l'acte est incomplet, surabondant ou comprend des énonciations inexactes, toute personne ayant un intérêt pécuniaire ou simplement moral à la rectification peut la demander. Le même droit est reconnu au Ministère public. L'autorité compétente est le président du tribunal de grande instance de la juridiction du lieu où demeure la personne dont l'état civil est en cause ou celle du lieu où l'acte d'état civil a été dressé ou transcrit, ou de la juridiction qui a rendu le jugement déféré. La juridiction du lieu

d'établissement du service central d'état civil du ministère des Affaires étrangères est compétente pour les actes détenus par ce service ; le tribunal de grande instance de Paris ou son président est compétent pour les pièces tenant lieu d'acte d'état civil à un réfugié ou un apatride.

La décision est mentionnée en marge de l'acte rectifié. Après cette inscription en marge, les expéditions de l'acte d'état civil concerné qui seront délivrées devront tenir compte de la rectification.

■ *Le remplacement et la reconstitution d'actes manquants*

En cas de lacune dans la tenue d'un registre, de perte ou de destruction de celui-ci, tous les intéressés ainsi que le Ministère public peuvent obtenir un ***jugement qui tiendra lieu de l'acte manquant.*** Le demandeur doit prouver l'absence, la perte ou la destruction de registres ainsi que le fait ou l'acte qui aurait dû être constaté sur les registres. La preuve peut résulter de tout document utile ou de témoignages. Dans l'hypothèse d'une destruction de registres par suite de sinistres de grande ampleur ou de faits de guerre, une commission est chargée de reconstituer les registres en utilisant des extraits d'actes antérieurement délivrés, des témoignages et toutes pièces permettant de reproduire la substance des actes de l'état civil.

4 La fonction des actes de l'état civil

■ *La publicité des actes de l'état civil*

La publicité des actes de l'état civil est assurée de deux façons : ***délivrance d'expéditions ou d'extraits*** de ces actes (l'expédition est une copie intégrale d'un acte d'état civil, l'extrait est une copie partielle d'un acte de l'état civil) et ***livret de famille***. Il n'est pas possible de consulter directement les registres datant de moins de 100 ans sauf autorisation écrite du procureur de la République.

a) La délivrance d'expéditions ou d'extraits

Qui peut avoir accès aux actes de l'état civil ?

Acte concerné	Personne pouvant obtenir l'acte
Copie intégrale d'un acte de décès Extrait de naissance Extrait d'acte de mariage Copies ou extraits du répertoire civil	Toute personne

Copie intégrale de l'acte de naissance Copie intégrale de l'acte de mariage	Personne majeure ou mineure émancipée que l'acte concerne Procureur de la République Ascendants et descendants Tuteur Conjoint Personnes qui ont obtenu une autorisation du procureur de la République, à défaut du président du tribunal de grande instance
Acte de reconnaissance d'un enfant	Personne majeure ou mineure émancipée que l'acte concerne Procureur de la République Ascendants et descendants Tuteur Conjoint Personnes ayant obtenu une autorisation du procureur de la République, à défaut du président du tribunal de grande instance Héritiers de l'enfant Administrations publiques
Extrait de naissance ou d'acte de mariage	Toute personne, sans justification

b) Le livret de famille

Le livret de famille est un ***recueil d'extraits d'actes de l'état civil***. Il est détenu par les particuliers intéressés. Le livret de famille des époux leur est remis après la célébration du mariage. Un livret de famille analogue est remis à l'auteur d'une reconnaissance d'un enfant né hors mariage ou aux parents de cet enfant (livret commun) ou encore à l'adoptant lors de la transcription sur les registres de l'état civil du jugement d'adoption d'un enfant.

■ *La force probante des actes de l'état civil*

Les actes de l'état civil ***prouvent l'état des personnes***. En principe, il n'est pas permis de prouver autrement que par la production d'un acte de l'état civil un fait qui doit être constaté par un tel acte.

Pour déterminer la force probante des expéditions et extraits, qui sont les seuls à la disposition du public, il faut faire une distinction parmi les énonciations des actes :

- énonciations relatives à des faits que l'officier d'état civil a constatées lui-même : elles font foi ***jusqu'à inscription de faux*** ;
- énonciations relatives à des faits que l'officier d'état civil n'a pas constatées lui-même : possibilité d'en démontrer l'inexactitude en administrant la ***preuve contraire***.

PARTIE 3

La protection des mineurs et majeurs vulnérables

Chapitre 11	Les incapacités : généralités	71
Chapitre 12	La condition juridique du mineur	75
Chapitre 13	L'autorité parentale	79
Chapitre 14	Le patrimoine du mineur	91
Chapitre 15	La tutelle du mineur	93
Chapitre 16	La protection du majeur vulnérable	97

Lorsqu'ils sont dans l'impossibilité de pourvoir seuls à leurs intérêts en raison d'une altération, médicalement constatée, soit de leurs facultés mentales, soit de leurs facultés corporelles de nature à ***empêcher l'expression de leur volonté***, certains majeurs doivent recevoir une protection pour leur personne ou pour leurs biens (art. 415, C. civ.). Les majeurs protégés et les mineurs voient leur capacité, c'est-à-dire leur aptitude à être sujet des droits et des obligations et à les exercer, limitée. La loi du 5 mars 2007 portant réforme de la protection juridique des majeurs, entrée en vigueur le 1er janvier 2009, opère une refonte substantielle du dispositif de protection des personnes vulnérables.

Les incapacités : généralités

CHAPITRE 11

Certaines personnes ont besoin d'être protégées dans leurs activités juridiques en raison de leur âge ou de l'altération de leurs facultés mentales. Leur capacité, c'est-à-dire leur aptitude à être sujet de droit et d'obligations et à les exercer, est limitée.

1 Les notions fondamentales du droit de la protection des personnes vulnérables

Les incapacités peuvent faire l'objet de diverses classifications.

■ Les notions d'incapacités de jouissance et d'exercice

L'incapacité de jouissance est l'inaptitude à être sujet de droits et d'obligations c'est-à-dire ***à être partie à un acte juridique***. Il n'existe ***pas d'incapacité générale de jouissance*** c'est-à-dire portant sur tous les actes juridiques et sur tous les droits. En effet, l'incapacité de jouissance est sans remède et conduirait à la négation de la personnalité si elle était générale.

L'incapacité d'exercice est l'inaptitude à exercer et à mettre en œuvre les droits dont on est titulaire. Ces droits peuvent être exercés par l'intermédiaire d'un représentant. L'incapacité d'exercice ***peut*** par conséquent ***être générale ou spéciale***.

■ Les incapacités spéciales et les incapacités générales

L'***incapacité spéciale*** est limitée à un acte ou à un type d'actes.

L'***incapacité générale*** porte sur tous les actes de la vie juridique de la personne.

L'incapacité véritablement générale ne semble pas réellement exister. Il existe toujours au moins quelques exceptions à celle-ci.

■ *Les incapacités de suspicion et les incapacités de protection*

Les ***incapacités de suspicion*** ou de défiance visent à ***protéger la société.*** Elles sont d'ordre public. L'acte fait par un incapable au mépris de cette incapacité est nul de nullité absolue (nullité d'ordre public).

Les ***incapacités de protection*** visent à ***protéger l'individu*** des faiblesses qui découlent de son âge ou de l'altération de ses facultés mentales. L'acte fait par l'incapable au mépris de cette incapacité est nul de nullité relative (nullité de protection).

2 La classification des actes juridiques selon leur gravité

■ *Les actes conservatoires*

Les actes ***conservatoires*** visent à la conservation d'un bien dans son patrimoine, à l'empêcher d'en sortir. Ils sont sans danger pour le patrimoine. Ils « *permettent de sauvegarder le patrimoine ou de soustraire un bien à un péril imminent ou à une dépréciation inévitable sans compromettre aucune prérogative du propriétaire* » (art. 3-1° du décret du 22 décembre 2008).

■ *Les actes d'administration*

Les actes ***d'administration*** sont d'une gravité moyenne pour le patrimoine. Il s'agit d'actes de gestion habituelle du patrimoine. Ils sont définis comme « *les actes d'exploitation ou de mise en valeur du patrimoine de la personne protégée dénués de risque anormal* » (art. 1er du décret du 22 décembre 2008). Le décret du 22 décembre 2008 contient deux listes d'actes :

- une liste d'actes regardés comme des actes d'administration, par exemple l'ouverture d'un premier compte ou livret au nom ou pour le compte de la personne protégée ;
- une liste non exhaustive d'actes regardés comme des actes d'administration, en fonction des circonstances d'espèce, notamment « *en raison de leurs conséquences importantes sur le contenu ou la valeur du patrimoine de la personne protégée, sur les prérogatives de celle-ci ou sur son mode de vie* », par exemple la conclusion et la rupture d'un contrat de travail en tant qu'employeur ou en tant que salarié.

Les actes de disposition

Les actes ***de disposition*** sont les plus graves pour le patrimoine puisqu'ils visent à exclure un bien de celui-ci. Ce sont ceux « *qui engagent le patrimoine de la personne protégée, pour le présent et pour l'avenir, par une modification importante de son contenu, une dépréciation significative de sa valeur en capital ou une altération durable des prérogatives de son titulaire* » (art. 2 du décret du 22 décembre 2008). Deux listes ont également été prévues par le décret du 22 décembre 2008 : l'article 2 distingue les actes de dispositions regardés comme tels (par exemple l'acceptation pure et simple d'une succession) de ceux qui peuvent faire l'objet d'une autre qualification en fonction des circonstances d'espèce (par exemple le versement de nouvelles primes sur un contrat d'assurance-vie).

La condition juridique du mineur

CHAPITRE 12

Le mineur est l'individu âgé de moins de 18 ans. Il doit faire l'objet d'une protection juridique spécifique. Il faut cependant distinguer le mineur émancipé du mineur non émancipé.

1 Le mineur non émancipé

Le mineur non émancipé est ***incapable de contracter (art. 1124, C. civ.).*** Il est touché par une incapacité générale d'exercice mais possède toujours une capacité de jouissance. Tous les actes juridiques sont accomplis pour le mineur par son ***représentant légal***. Cette règle est assouplie par la ***distinction*** faite ***entre les mineurs*** capables de discernement et les autres.

■ Le mineur non doué de discernement

Le mineur non doué de discernement est le très jeune enfant. L'*infans* ne peut valablement s'obliger par un contrat. Le contrat est nul de nullité absolue, certains disent même inexistant.

■ Le mineur doué de discernement

Trois catégories d'actes peuvent être accomplies par le mineur doué de discernement :
– certains peuvent être ***accomplis valablement par le mineur*** :
  • ***seul*** : actes usuels mais certains auteurs émettent un doute, actes conservatoires, actes autorisés par l'usage, reconnaissance d'un enfant, action en recherche de paternité, actes d'administration nécessaires pour les besoins de la création et de la gestion d'une entreprise individuelle à responsabilité limitée ou d'une société unipersonnelle, création d'une association...,

   - ***avec l'autorisation préalable du représentant légal*** : mariage, adoption, changement de nom et de prénom,
   - ***avec l'assistance du représentant légal*** : contrat de mariage, contrat d'apprentissage, actes utiles à l'administration d'une association, à l'exception des actes de disposition ;
- certains actes sont ***rescindables pour lésion*** : il s'agit des cas où le mineur a accompli seul un acte que son incapacité l'empêchait d'accomplir valablement sans l'assistance de son représentant légal ;
- certains actes sont nuls de ***nullité absolue*** car nuls en la forme : il s'agit des actes de disposition.

L'acte accompli par le représentant légal du mineur selon les prescriptions légales est valable.

2 Le mineur émancipé

L'émancipation a pour objectif de conférer une pleine capacité au mineur (art. 413-1 et s., C. civ.). Le juge aux affaires familiales exerce les fonctions de juge des tutelles des mineurs en matière d'émancipation (art. L. 213-3-1, C. org. jud.).

■ *Les causes de l'émancipation*

a) L'émancipation par le mariage

L'article 413-1 du Code civil prévoit l'émancipation de plein droit du mineur par le mariage.

Cette règle s'explique d'une part par le besoin d'indépendance des époux par rapport aux parents et d'autre part par l'incompatibilité d'un maintien de la protection juridique avec l'application des règles des régimes matrimoniaux.

L'émancipation subsiste en cas de dissolution du mariage avant la majorité du mineur.

b) L'émancipation judiciaire

L'émancipation judiciaire ne peut concerner qu'un mineur de ***plus de 16 ans***.

La demande peut être déposée par les deux parents ou un seul d'entre eux ou par le tuteur, à défaut par l'un des membres du conseil de famille.

La décision est prise par le juge après audition du mineur. Son acceptation est subordonnée à l'existence de « ***justes motifs*** » que le juge appréciera.

■ Les effets de l'émancipation

L'émancipation emporte un certain nombre de conséquences :

– elle fait ***disparaître l'autorité parentale***, ainsi que l'administration légale ou la tutelle et la responsabilité des parents du fait des enfants ;
– elle confère une ***pleine capacité au mineur*** qui est dès lors capable de tous les actes de la vie civile (art. 413-6, al. 1er, C. civ.) ;
– elle permet au mineur émancipé d'être ***commerçant***, sur autorisation du juge des tutelles au moment de la décision d'émancipation et du président du tribunal de grande instance si la demande est faite postérieurement à l'émancipation (art. 413-8, C. civ.).

Le mineur doit appliquer les mêmes règles que s'il n'était pas émancipé pour se marier, se donner en adoption ou consentir une donation en faveur de son conjoint.

L'autorité parentale

Chapitre 13

L'autorité parentale est l'ensemble des prérogatives, c'est-à-dire des droits et devoirs, reconnus par la loi aux parents afin de protéger la personne et le patrimoine de l'enfant dans sa moralité et sa sécurité. L'autorité parentale concerne l'enfant mineur non émancipé.

1 L'attribution de l'autorité parentale

Avant la loi du 4 mars 2002, la situation de l'enfant du point de vue de l'autorité parentale différait selon que les parents étaient mariés, non mariés, séparés ou divorcés. La situation est désormais simplifiée.

La loi du 30 décembre 1996 a créé une disposition originale : l'article 371-5 du Code civil prévoit en effet que « *l'enfant ne doit pas être séparé de ses frères et sœurs, sauf si cela n'est pas possible ou si son intérêt commande une autre solution. S'il y a lieu, le juge statue sur les relations personnelles entre les frères et sœurs* ».

■ L'exercice conjoint de l'autorité parentale

a) L'exercice conjoint de l'autorité parentale par les parents non séparés

Avant la loi du 4 mars 2002, l'article 372 du Code civil posait dans son premier alinéa le principe selon lequel « *l'autorité parentale est exercée en commun par les deux parents s'ils sont mariés* ». Désormais, ce même texte dispose que « *Les père et mère exercent en commun l'autorité parentale* », qu'ils soient ou non mariés.

b) L'exercice conjoint de l'autorité parentale par les parents séparés

Depuis la loi du 4 mars 2002, le principe est désormais fixé à l'article 372, alinéa 1er du Code civil : « *Les père et mère exercent en commun l'autorité parentale* », qu'ils aient été mariés ou non avant leur séparation. L'article 373-2 du Code civil dispose désormais que « *La séparation des parents est sans incidence sur les règles de dévolution de l'exercice de l'autorité parentale* » : ***les parents exercent en commun l'autorité parentale.***

Les parents peuvent saisir le juge aux affaires familiales afin de faire homologuer la ***convention par laquelle ils organisent les modalités de l'autorité parentale*** et fixent la contribution à l'entretien et à l'éducation de l'enfant (art. 373-2-7, C. civ.). Cette convention pourra prévoir une ***résidence alternée***.

En l'absence d'accord amiable entre les époux ou si cet accord lui apparaît contraire à l'intérêt de l'enfant, le juge désigne le parent chez lequel les enfants mineurs auront leur résidence habituelle. Le magistrat se prononce également sur le droit de visite et d'hébergement dont bénéficiera le parent chez lequel les enfants n'ont pas leur résidence habituelle. Il peut fixer la résidence de l'enfant ***en alternance*** au domicile de chacun des parents ou au domicile de l'un d'eux (art. 373-2-9, C. civ.).

c) L'exercice conjoint de l'autorité parentale sur l'enfant adopté

Lorsque les deux époux adoptent plénièrement ou simplement l'enfant, ils exercent conjointement l'autorité parentale sur celui-ci (art. 365, C. civ.). Les exceptions à cet exercice conjoint sont identiques à celles qui touchent les autres enfants.

■ *L'exercice unilatéral de l'autorité parentale*

a) Le parent hors d'état de manifester sa volonté

L'article 373 du Code civil dispose que le parent qui est hors d'état de manifester sa volonté, ***en raison de son incapacité, de son absence ou de toute autre cause***, est privé de l'exercice de l'autorité parentale. Ce texte s'applique que les parents soient mariés ou non.

b) Le parent décédé

Lorsqu'un parent se trouve ***privé de l'exercice de l'autorité parentale ou décède***, cette prérogative est confiée à l'autre parent (art. 373-1, C. civ.). Dans des circonstances exceptionnelles, le juge aux affaires familiales peut confier provisoirement l'enfant à un tiers (art. 373-3, al. 2, C. civ.).

c) Le parent divorcé ou séparé

« *Si l'intérêt de l'enfant le commande* », l'article 373-2-1 du Code civil prévoit qu'après le divorce des parents, « *le juge peut confier l'exercice de l'autorité parentale à l'un des deux parents* ». Le même principe est applicable lorsque des parents non mariés se séparent (art. 373-2-1, C. civ.).

d) Le parent non marié

Lorsque l'enfant a été ***reconnu par un seul de ses parents***, l'exercice de l'autorité parentale revient à l'auteur de la reconnaissance.

Lorsque l'enfant est reconnu plus d'un an après sa naissance ou en cas d'établissement judiciaire de la filiation à l'égard de ce parent, l'autre parent, qui a reconnu le premier l'enfant, exerce seul l'autorité parentale (art. 372, al. 2, C. civ.). Néanmoins, les parents ont la possibilité d'exercer conjointement l'autorité parentale s'ils font une ***déclaration conjointe*** en ce sens devant le greffier en chef du tribunal de grande instance (art. 372, al. 3, C. civ.).

L'exercice de l'autorité parentale peut également être confié à l'un des parents si le juge estime que l'intérêt de l'enfant le commande (art. 373-2-1, C. civ.).

e) L'exercice unilatéral de l'autorité parentale sur l'enfant adopté

L'exercice de l'autorité parentale sur l'enfant adopté est unilatéral lorsque celui-ci est adopté par une seule personne (art. 365, C. civ.). Néanmoins, il convient de réserver l'hypothèse de l'adoption de l'enfant du conjoint : dans ce cas, « *l'adoptant a l'autorité parentale concurremment avec son conjoint, lequel en conserve seul l'exercice, sous réserve d'une déclaration conjointe avec l'adoptant devant le greffier en chef du tribunal de grande instance aux fins d'un exercice en commun de cette autorité* » (art. 365, C. civ.).

■ *L'enfant confié à un tiers*

Lorsque l'un des père et mère décède ou se trouve privé de l'exercice de l'autorité parentale, l'autre exerce seul cette autorité (art. 373-1, C. civ.). Cependant, l'article 373-3 du Code civil prévoit qu'exceptionnellement, si l'intérêt de l'enfant l'exige, le juge peut décider de ***confier l'enfant à un tiers***, choisi de préférence dans sa parenté (notamment lorsqu'un des parents est privé de l'exercice de l'autorité parentale).

Lorsque la ***filiation est établie judiciairement contre les parents***, l'autorité parentale est confiée au conseil de famille après ouverture d'une ***tutelle***. Il en est de même lorsque les parents sont tous deux décédés (art. 373-5, C. civ.).

Lorsque la ***filiation n'est pas établie***, une ***tutelle*** est organisée avec l'aide sociale à l'enfance (art. 390, al. 2, C. civ.).

2 Les attributs de l'autorité parentale relatifs à la personne de l'enfant

Avant la loi du 4 mars 2002, l'article 371-2, alinéa 2 du Code civil disposait que l'autorité parentale comprenait le droit et devoir de garde, de surveillance et d'éducation. Désormais, l'article 371-1 alinéa premier du Code civil prévoit que *« L'autorité parentale est un ensemble de droits et de devoirs ayant pour finalité l'intérêt de l'enfant »*. Les attributs qui peuvent désormais être distingués à la lecture des textes concernent la résidence de l'enfant, sa protection et son éducation.

■ *La résidence de l'enfant*

Les parents possèdent le droit de fixer la résidence de l'enfant. La résidence de l'enfant est chez ses père et mère, où il est domicilié (art. 108-2, C. civ.). Les parents ont également la possibilité de retenir l'enfant au lieu où il réside (art. 371-3, C. civ.) et éventuellement de recourir pour cela à la force publique. En cas de séparation des parents, le parent chez lequel il ne réside pas possède un ***droit de visite et d'hébergement*** qui ne peut lui être refusé que pour des motifs graves (art. 373-2-1, al. 2, C. civ.).

Depuis la loi du 4 mars 2002, le juge aux affaires familiales peut fixer la résidence de l'enfant ***en alternance*** au domicile de chacun des parents ou au domicile de l'un d'eux (art. 373-2-9, C. civ.). De plus, les parents peuvent saisir le juge aux affaires familiales afin de faire homologuer la ***convention par laquelle ils organisent les modalités de l'autorité parentale*** et fixent la contribution à l'entretien et à l'éducation de l'enfant (art. 373-2-7, C. civ.). Cette convention pourra prévoir une résidence alternée.

La cohabitation de l'enfant avec ses parents, résultant de sa résidence habituelle à leur domicile ou au domicile de l'un d'eux, ne cesse pas lorsque le mineur est confié par contrat à un organisme de vacances, dès lors que ce dernier n'est pas chargé d'organiser et de contrôler à titre permanent le mode de vie de l'enfant. Le parent « gardien » est également ***responsable du dommage*** causé par l'enfant en visite chez le parent chez lequel il n'a pas sa résidence habituelle.

Les parents ont le devoir de ne pas abandonner l'enfant, moralement ou matériellement, ni le délaisser (art. 371-1, C. civ. et 227-1, C. pén.).

La protection de l'enfant

Il résulte de l'article 371-1 du Code civil que l'autorité parentale doit permettre aux parents de « *protéger l'enfant dans sa sécurité, sa santé et sa moralité, pour assurer son éducation et permettre son développement, dans le respect dû à sa personne* ».

Les parents peuvent donc ***interdire à leur enfant toute relation avec un tiers*** ou même avec un membre de la famille. La limite à ce droit réside dans l'article 371-4 du Code civil organisant les relations personnelles de l'enfant avec ses ***ascendants***. Les parents peuvent également contrôler la correspondance de leur enfant. Ils veillent également à la protection de sa vie privée et de son image. L'intérêt de l'enfant permet au juge aux affaires familiales de fixer les modalités des relations entre l'enfant et un tiers, parent ou non, notamment, selon une formulation découlant de la loi du 17 mai 2013, « *lorsque ce tiers a résidé de manière stable avec lui et l'un de ses parents, a pourvu à son éducation, à son entretien ou à son installation, et a noué avec lui des liens affectifs durables* » (art. 371-4, al. 2, C. civ.). En outre, l'article 371-5 du Code civil dispose que « *L'enfant ne doit pas être séparé de ses frères et sœurs, sauf si cela n'est pas possible ou si son intérêt commande une autre solution. S'il y a lieu, le juge statue sur les relations personnelles entre les frères et sœurs.* »

Les carences des parents dans la protection qu'ils doivent à l'enfant peuvent constituer un ***danger*** entraînant éventuellement une mesure d'assistance éducative, de délégation ou de retrait de l'autorité parentale.

En cas de séparation des parents, le parent chez lequel l'enfant n'a pas sa résidence conserve le ***droit et le devoir de surveiller l'entretien et l'éducation de l'enfant***. Il doit être informé des choix importants relatifs à la vie de ce dernier (art. 373-2-1, al. 4, C. civ.).

L'éducation

L'éducation est un droit et un devoir particulier dans la mesure où elle constitue la ***finalité de l'autorité parentale*** : il s'agit de l'ensemble des choix émis par le parent pour élever l'enfant. Son étendue et son contenu est l'affaire personnelle des parents. Cependant, le contrôle de l'État demeure avec la possibilité de mettre en œuvre des mesures d'assistance éducative en cas de carence des parents mettant l'enfant en danger.

3 Les limitations à l'autorité parentale

Les carences des parents peuvent aboutir à une nécessaire limitation de leurs prérogatives sur l'enfant.

L'assistance éducative

a) Les conditions de l'assistance éducative

La mesure d'assistance éducative nécessite qu'il existe un ***danger***. Les juges du fond sont souverains pour évaluer celui-ci.

Le danger doit être ***réel et sérieux***. Il doit atteindre la santé, la sécurité ou la moralité de l'enfant. Le danger résulte généralement d'une combinaison de ces différents facteurs. La moralité est un motif rarement invoqué.

Le juge des enfants peut également être saisi lorsque les ***conditions de l'éducation*** de l'enfant ou de son développement physique, affectif, intellectuel et social ***sont gravement compromises***. Ce sont les conditions de l'éducation ou du développement qui doivent être compromises et non l'éducation elle-même ; elles doivent l'être gravement.

b) La mise en œuvre de l'assistance éducative

Le juge recourt à la mesure d'assistance éducative en s'efforçant de recueillir l'***adhésion de la famille***. Le juge doit prendre ses décisions en stricte considération de l'intérêt de l'enfant (art. 375-1, al. 1er, C. civ. *in fine*). L'article 375-2 du Code civil pose le principe selon lequel l'enfant doit, chaque fois qu'il est possible, être maintenu dans son ***milieu actuel***. Le juge peut confier l'enfant à l'autre parent, à un membre de la famille ou un tiers de confiance, à un service ou à un établissement sanitaire ou d'éducation ordinaire ou spécialisé, à un service départemental de l'aide sociale à l'enfance, à un service ou à un établissement habilité pour l'accueil de mineurs à la journée ou suivant toute autre modalité de prise en charge ou enfin à un service ou à un établissement sanitaire ou d'éducation, ordinaire ou spécialisé. Lorsque plusieurs personnes revendiquent l'enfant, le juge doit alors choisir celle qui présente les meilleures garanties sur le plan matériel, moral et affectif.

Le juge peut décider de recourir à une mesure d'***aide éducative*** en chargeant une personne qualifiée ou un service d'observation, d'éducation ou de rééducation en milieu ouvert d'apporter aide et conseil à la famille afin de surmonter les difficultés matérielles et morales qu'elle rencontre. Le juge peut prescrire des ***mesures particulières*** telles que l'obligation de fréquenter régulièrement un établissement sanitaire ou d'éducation, ordinaire ou spécialisé ou d'exercer une activité professionnelle.

c) Les effets de l'assistance éducative

Le parent conserve sur l'enfant son autorité parentale et exerce ***tous les attributs qui ne sont pas inconciliables avec l'application de la mesure***. La mesure ne peut excéder **deux ans** mais peut être renouvelée. La mesure peut parfois désormais être d'une durée plus longue « *lorsque les parents présentent des difficultés relationnelles et éducatives graves, sévères et chroniques, évaluées comme telles dans l'état actuel des connaissances, affectant durablement leurs compétences dans l'exercice de leur responsabilité parentale* ».

Lorsque l'enfant est confié à une personne ou un établissement, ses parents conservent un ***droit de correspondance ainsi qu'un droit de visite et d'hébergement*** (art. 375-7, al. 4, C. civ.).

■ *La délégation de l'autorité parentale*

La délégation de l'autorité parentale permet de donner un cadre juridique à l'intervention sociale ou à l'intervention d'un tiers auprès de l'enfant.

a) Le cadre de la délégation de l'autorité parentale

La délégation de l'autorité parentale ne concerne que des mineurs de moins de 16 ans. Elle nécessite l'intervention du juge.

Plusieurs types de délégations de l'autorité parentale existent :

- à ***la demande des père et mère*** : ils peuvent, ensemble ou séparément, lorsque les circonstances l'exigent, saisir le juge en vue de voir déléguer tout ou partie de l'exercice de leur autorité parentale à un tiers, membre de la famille, proche digne de confiance, établissement agréé pour le recueil des enfants ou service départemental de l'aide sociale à l'enfance ;
- ***à la demande d'un tiers*** : en cas de désintérêt manifeste ou si les parents sont dans l'impossibilité d'exercer tout ou partie de l'autorité parentale, le particulier, l'établissement ou le service départemental de l'aide sociale à l'enfance qui a recueilli l'enfant peut saisir le juge aux fins de se faire déléguer totalement ou partiellement l'exercice de l'autorité parentale.

La délégation de l'autorité parentale est prononcée par jugement rendu par le juge aux affaires familiales.

b) Le fonctionnement de la délégation de l'autorité parentale

La délégation a pour effet de ***transférer au délégataire tout ou partie de l'autorité parentale***. Ce transfert porte sur l'exercice de l'autorité parentale.

La délégation de l'autorité parentale peut être ***totale ou partielle***. Lorsqu'elle est totale, la délégation porte également sur le droit de consentir au mariage et à l'émancipation du mineur. Toutefois, le droit de consentir à l'adoption ne peut jamais être délégué. Si la délégation est partielle, elle peut ne porter que sur la résidence habituelle de l'enfant. Les parents conservent un droit de surveillance, le droit de consentir au mariage, à l'adoption et à l'émancipation.

■ *Le retrait de l'autorité parentale*

La déchéance de l'autorité parentale, devenue le retrait de l'autorité parentale depuis la loi du 5 juillet 1996, est une mesure rare, d'une particulière gravité (art. 378 et s., C. civ.).

a) Les conditions du retrait de l'autorité parentale

Le retrait de l'autorité parentale est prononcé à la suite de ***fautes graves, pénales ou civiles, commises par le parent***.

Cette mesure peut être prononcée soit contre l'un des parents, soit contre l'autre, soit contre les deux à la fois. Le retrait est également applicable « *aux ascendants autres que les père et mère pour la part d'autorité parentale qui peut leur revenir sur leurs descendants* », même si les grands-parents ne sont jamais titulaires de l'autorité parentale.

Le retrait concerne tous les enfants mineurs déjà nés au moment du jugement ou certains d'entre eux si le tribunal estime qu'ils ne courent pas tous le même danger. En revanche, il ne s'applique plus désormais aux enfants à naître.

1) Le retrait prononcé par le juge civil

Le retrait de l'autorité parentale peut être prononcé par le tribunal de grande instance en dehors de toute condamnation pénale dans deux hypothèses :

- les parents peuvent faire l'objet de cette mesure parce qu'***ils mettent manifestement en danger la sécurité, la santé ou la moralité de l'enfant*** par de mauvais traitements, ou par une consommation habituelle et excessive de boissons alcooliques ou un usage de stupéfiants, ou bien par une inconduite notoire ou des comportements délictueux ou bien encore par un défaut de soins ou un manque de direction ;
- ils peuvent se voir retirer l'autorité parentale lorsqu'une mesure d'assistance éducative avait été prise à l'égard des enfants et que, pendant une durée de plus de deux ans, les père et mère se sont ***volontairement abstenus d'exercer et de remplir les devoirs qui découlent de la mesure d'assistance éducative***.

L'action peut être exercée soit par le Ministère public, soit par un membre de la famille (au sens large), soit par le tuteur.

2) Le retrait prononcé par la juridiction pénale

La juridiction pénale peut prononcer le retrait de l'autorité parentale dans trois cas :

– l'enfant est la ***victime de l'infraction*** commise par le parent ;
– l'enfant en est le ***complice ou le coauteur de l'infraction*** commise par son parent. Le législateur a voulu éviter que le parent ne se conduise comme un instigateur des crimes ou délits commis par son enfant ;
– le ***parent est auteur, coauteur ou complices d'un crime sur la personne de l'autre parent***.

Le retrait de l'autorité parentale prononcé par une juridiction répressive ne concerne que les crimes et délits mais en aucun cas les contraventions.

Dans les deux cas, le retrait de l'autorité parentale n'a jamais un caractère automatique. Le juge garde un pouvoir souverain d'appréciation.

b) Les effets du retrait de l'autorité parentale

Le juge a la possibilité de prononcer un retrait total de l'autorité parentale ou bien seulement un retrait partiel.

1) Le retrait total de l'autorité parentale

Le parent qui s'est vu retirer l'autorité parentale perd les ***droits liés à la résidence de l'enfant, à sa protection et à son éducation***, le droit de consentir au mariage, à l'émancipation du mineur et à l'adoption de son enfant (art. 379, C. civ.). Il perd également l'administration légale, la jouissance légale ainsi que les différentes charges de la tutelle. Le retrait de l'autorité parentale ***ne fait pas disparaître la filiation***.

Si l'autre parent est en mesure d'exercer l'autorité parentale, cet exercice lui est dévolu automatiquement (art. 373-1, C. civ.). ***L'autre parent exerce unilatéralement l'autorité parentale*** et possède également unilatéralement le droit de consentir au mariage, à l'adoption ou à l'émancipation de l'enfant.

2) Le retrait partiel de l'autorité parentale

Le jugement peut limiter le retrait des droits à ***certains attributs*** qu'il spécifie (art. 379-1, C. civ.). Les parents conservent les prérogatives traditionnelles de l'autorité parentale que sont le droit de consentir au mariage, à l'adoption et à l'émancipation de l'enfant.

Dans cette hypothèse, ***seuls les droits retirés sont exercés unilatéralement par l'autre parent***. Les droits qui ne sont pas retirés continuent à être exercés conjointement par les deux parents.

4 L'obligation d'entretien

L'article 203 du Code civil dispose que « *Les époux contractent ensemble, par le seul fait du mariage, l'obligation de nourrir, entretenir et élever leurs enfants* ». L'article 371-2 du Code civil dispose dans son premier alinéa que « *Chacun des parents contribue à l'entretien et à l'éducation des enfants à proportion de ses ressources, de celles de l'autre parent, ainsi que des besoins de l'enfant* ».

■ *L'étendue de l'obligation d'entretien*

a) L'objet de l'obligation d'entretien

Le parent doit fournir à l'enfant des ***aliments*** au sens commun du terme (alimentation quotidienne et suffisante) mais également tous les ***biens matériels nécessaires à la vie de l'enfant***, c'est-à-dire notamment un logement, des vêtements et plus largement à tout ce qui est nécessaire au développement de sa personnalité.

b) Les créanciers de l'obligation d'entretien

L'obligation d'entretien est liée d'une part à l'autorité parentale et d'autre part au lien de filiation. Ainsi, l'obligation d'entretien ne disparaît ni en cas d'annulation du mariage, ni en cas de mesure d'assistance éducative, ni même en cas de retrait de l'autorité parentale. Seuls les parents en sont tenus. Les grands-parents sont tenus de l'obligation alimentaire de façon subsidiaire lorsque les parents ne peuvent faire face à leurs propres obligations.

Seuls les père et mère sont tenus de l'obligation d'entretien et seulement à l'égard de leurs enfants. Les enfants n'ont pas d'obligation d'entretien envers leurs parents mais sont tenus envers eux d'une obligation alimentaire.

■ *La durée de l'obligation d'entretien*

La loi du 4 mars 2002 a confirmé le principe posé par la jurisprudence selon lequel cette obligation ***ne cesse pas de plein droit lorsque l'enfant est majeur*** (art. 371-2, C. civ. *in fine*). L'obligation de maintenir l'obligation d'entretien au-delà de la majorité trouve souvent application lorsque l'enfant poursuit des études, peu importe qu'il vive ou non avec ses parents, mais également après la fin de ses études, par exemple jusqu'à ce qu'il ait trouvé un emploi.

■ *L'exécution de l'obligation d'entretien*

L'exécution ***en nature*** est traditionnelle dans la mesure où le parent fournit quotidiennement à l'enfant qui vit avec lui tout ce qui est nécessaire à sa vie. Les dépenses ainsi engagées font partie des charges du mariage prévues à l'article 214 du Code civil lorsque les parents sont mariés.

L'exécution en valeur n'intervient qu'en cas d'absence de communauté de vie entre l'enfant et le parent. L'obligation d'entretien prend alors la forme d'une ***pension alimentaire*** révisable, en fonction des besoins de l'enfant et des ressources des parents, et indexée.

Le patrimoine du mineur

CHAPITRE 14

En matière patrimoniale comme en matière extra-patrimoniale, chacun des parents est titulaire d'un droit correspondant à un devoir : le droit est la jouissance légale, le devoir est l'administration légale. Le lien entre administration légale et jouissance légale cesse lorsque l'enfant atteint l'âge de 16 ans : l'administration légale demeure alors que la jouissance légale des parents cesse.

1 L'administration légale

L'administration légale consiste dans ***l'administration du patrimoine du mineur.*** Elle est pure et simple lorsque les deux parents exercent l'autorité parentale, elle est sous contrôle judiciaire lorsqu'un seul parent exerce l'autorité parentale.

Deux ***conditions*** doivent être retenues pour que l'administration légale existe :

– l'enfant doit posséder des biens nécessitant d'être administrés ;

– l'un des deux parents au moins doit être en vie ou bien en état d'exercer l'autorité parentale.

L'administration légale constitue ***un régime de représentation et non d'assistance.*** L'administrateur légal accomplit seul les actes d'administration alors qu'il doit, pour la réalisation d'actes de disposition, demander la participation de l'autre parent, du juge des tutelles ou du conseil de famille.

La mission de l'administrateur légal consiste à passer les contrats ou encore à soutenir les procès au nom de l'enfant.

L'administrateur sera ***comptable de sa gestion*** à l'achèvement de l'administration légale. Le juge des tutelles peut demander à l'administrateur de rendre des comptes avant la fin de l'administration légale grâce à son pouvoir de surveillance et d'injonction. L'administrateur est en effet responsable des négligences ou des imprudences qu'il a commises dans cette gestion (art. 389-7 et 450, alinéa 2 combinés, C. civ.). Il doit gérer les biens de l'enfant en bon père de famille. L'administrateur qui a commis même une faute légère peut être condamné à payer des dommages-intérêts à l'enfant. Il peut être destitué en cas de faute grave (art. 444, C. civ.).

2 La jouissance légale

La jouissance légale constitue en quelque sorte un ***usufruit appartenant à celui des père et mère ou aux deux parents exerçant l'autorité parentale*** sur les biens de leurs enfants mineurs non émancipés de moins de 16 ans.

Les droits du titulaire de la jouissance légale sont les droits habituels qui appartiennent à l'usufruitier. Cependant, étant un attribut de l'autorité parentale et de ce fait indisponible, le droit de jouissance est incessible, il ne peut être hypothéqué et est insaisissable (sauf l'excédent des revenus sur les dépenses qui tombe peu à peu dans le patrimoine des parents).

Les ***droits des usufruitiers*** sont constitués par la perception des revenus, la possibilité de donner les immeubles à bail, le droit de conserver la chose, le droit de jouir de la chose en bon père de famille et l'obligation de respecter le mode de jouissance établi par le précédent propriétaire.

Il existe un certain nombre de ***charges de la jouissance légale*** décrites à l'article 385 du Code civil et qui sont de trois ordres :

- il s'agit tout d'abord des charges dont sont tenus généralement les usufruitiers, c'est-à-dire notamment la contribution aux dettes qui grèvent le patrimoine sur lequel porte l'usufruit (art. 610 et 612, C. civ.) ;
- il s'agit ensuite de la nourriture, de l'entretien et de l'éducation de l'enfant selon sa fortune ;
- enfin, la dernière charge de la jouissance légale est constituée par les dettes grevant la succession recueillie par l'enfant en tant qu'elles auraient dû être acquittées sur les revenus.

Les ***causes d'extinction*** de la jouissance légale sont précises :

- certains événements mettent fin de plein droit à l'usufruit : décès ou renonciation de l'usufruitier, abus de jouissance... ;
- il existe une cause d'extinction propre à la jouissance légale : l'enfant atteint l'âge de 16 ans ;
- la jouissance légale peut également disparaître suite à l'extinction de l'autorité parentale : il s'agit ici de la mort de l'enfant, de son émancipation ou du retrait de l'autorité parentale ou encore du retrait partiel s'il porte directement sur la jouissance légale ;
- le défaut d'inventaire des meubles faisant partie de la succession échue au mineur ;
- la substitution de la tutelle à l'administration légale en application de l'article 391 du Code civil.

La tutelle du mineur

Chapitre
15

La tutelle est une institution permettant d'assurer la protection du mineur en cas de défaillance des parents. Les règles l'organisant ont été remaniées par la loi du 5 mars 2007 portant réforme de la protection juridique des majeurs, entrée en vigueur le 1er janvier 2009.

La loi du 12 mai 2009 a transféré du juge des tutelles au juge aux affaires familiales sa compétence en matière de tutelle des mineurs (art. L. 213-3-1, C. org. jud.).

1 Les cas d'ouverture de la tutelle du mineur

Il existe ***plusieurs cas d'ouverture*** de la tutelle du mineur :

– la tutelle s'ouvre de plein droit en application de l'article 390 du Code civil lorsque ***les père et mère sont décédés*** ou bien se trouvent privés de l'exercice de l'autorité parentale ou si l'un des parents est décédé et l'autre se trouve privé de l'exercice de l'autorité parentale ou encore lorsque la filiation de l'enfant n'a pas été établie ;

– l'article 391 du Code civil permet au juge de ***transformer l'administration légale en tutelle*** si les intérêts du mineur (patrimoine ou personne) ne sont pas suffisamment protégés. Le juge statue d'office ou à la demande de l'intéressé.

L'initiative de la tutelle peut également venir du juge aux affaires familiales lorsqu'il statue sur l'exercice de l'autorité parentale après séparation des parents, divorce ou séparation de corps et qu'il décide de confier l'enfant à un tiers. Il peut requérir l'ouverture de la tutelle si le tiers ne l'a pas encore fait.

2 Le fonctionnement de la tutelle

Selon l'article 494 du Code civil, « *La tutelle, protection due à l'enfant, est une charge publique. Elle est un devoir des familles et de la collectivité publique* ». ***Elle peut protéger à la fois la personne et le patrimoine du mineur.*** Dans certains cas, elle est limitée à la protection du patrimoine de l'enfant ou inversement.

■ *Le juge des tutelles*

Dans le cadre de la tutelle des mineurs, le juge aux affaires familiales exerce les fonctions du juge des tutelles dans trois domaines :

– il a une fonction de surveillance générale de la tutelle (art. 395, C. civ.) ;
– il donne certaines autorisations au tuteur (art. 468, C. civ.) ;
– il désigne les membres du conseil de famille (art. 407, al. 2, C. civ.).

■ *Le tuteur*

La ***tutelle testamentaire*** est celle dans laquelle le tuteur a été désigné par le dernier vivant des père et mère s'il avait conservé au jour de sa mort l'exercice de l'administration légale ou de la tutelle (art. 403, al. 1er, C. civ.). Ce choix doit avoir été établi sous la forme d'un testament ou d'une déclaration spéciale devant un notaire (art. 403, al. 2, C. civ.). Avant le 1er janvier 2009, si les père et mère n'avaient pas désigné de tuteur, la tutelle était déférée à celui des ascendants qui était du degré le plus rapproché (art. 402 ancien, C. civ.). Ce mode de désignation, nommée tutelle légale des ascendants, a disparu. En l'absence de tuteur testamentaire, le tuteur est désigné par le conseil de famille (art. 404, C. civ.) qui dispose d'un pouvoir souverain d'appréciation : il s'agit d'une ***tutelle dative***.

La charge de tuteur est personnelle (art. 407, C. civ.), obligatoire (art. 494, C. civ.), gratuite et le tuteur doit réunir un certain nombre de qualités.

Le tuteur est chargé de la ***personne de l'enfant*** (art. 408, al. 1er, C. civ.) et met en œuvre les décisions du conseil de famille. Il représente le mineur dans les actes de la vie civile et fixe sa résidence.

Le tuteur peut accomplir seul et sans autorisation les ***actes conservatoires*** et, sous réserve des actes usuels accomplis seuls par le mineur, ainsi que les ***actes d'administration*** nécessaires à la gestion du patrimoine du mineur (art. 504, al. 1er, C. civ.). Il agit également seul ***en justice*** pour faire valoir les droits patrimoniaux de la personne protégée (art. 504, al. 2, C. civ.). Il peut accepter seul une ***succession*** échue au mineur à concurrence de l'actif net seulement (art. 507-1, al. 1er, C. civ.).

Le tuteur doit demander l'autorisation du conseil de famille pour accomplir des ***actes de disposition*** au nom de la personne protégée (art. 505, al. 1er, C. civ.). Le tuteur ne peut transiger sans approbation du conseil de famille ou du juge des tutelles.

Lorsque le conseil de famille refuse au tuteur l'accomplissement d'un acte qui requiert son autorisation, le tuteur peut passer outre en sollicitant l'autorisation du juge des tutelles (art. 505, al. 1er, C. civ.) dès lors que la valeur maximale en capital des biens sur lesquels porte l'acte ne dépasse pas 50 000 euros.

L'accomplissement de certains actes reste interdit au tuteur même avec une autorisation (art. 509, C. civ.).

Le subrogé-tuteur

Le subrogé-tuteur est nommé par le conseil de famille (art. 409, C. civ.). Il est souvent choisi dans une autre branche de la famille que le tuteur.

Le subrogé-tuteur est le surveillant du tuteur (art. 410, al. 1er, C. civ.). Il supplée exceptionnellement le tuteur.

Le conseil de famille

Les ***membres*** du conseil de famille sont ***désignés par le juge des tutelles***. Ils sont au nombre d'au moins quatre, y compris le subrogé tuteur mais sans compter le juge de tutelles.

Les membres du conseil de famille sont choisis par le juge des tutelles parmi les parents et alliés des père et mère du mineur. Le juge des tutelles apprécie pour cela différentes circonstances telles que les relations habituelles qu'ils entretenaient avec le père ou la mère de l'enfant, les liens affectifs qu'ils ont avec lui et leur disponibilité (art. 399, al. 4, C. civ.). L'une des deux lignes ne doit pas, dans la mesure du possible, rester sans représentation. Peut également être appelée à exercer les charges tutélaires toute personne qui manifeste un intérêt pour l'enfant (art. 399, al. 3, C. civ.).

Les ***membres*** du conseil de famille sont nommés ***pour la durée de la tutelle*** (art. 399, al. 1er, C. civ.) mais il peut être pourvu à leur remplacement en cas de changement grave de leur situation (art. 396, al. 2, C. civ.).

Le ***conseil de famille*** désigne éventuellement le tuteur et peut le destituer. Il nomme le subrogé tuteur.

Le conseil de famille a un certain nombre de ***devoirs et obligations*** :

- il fixe les conditions de l'entretien et de l'éducation de l'enfant en tenant compte de la volonté que les père et mère ont pu exprimer (art. 401, al. 1er, C. civ.) ;

- il règle le budget de la tutelle (art. 500, C. civ.) et apprécie les indemnités qui peuvent être allouées au tuteur (art. 401, al. 2, C. civ.) ;
- il est compétent pour les décisions essentielles concernant la personne du mineur ;
- il autorise le mineur à accomplir seul les actes d'administration nécessaires pour les besoins de la création et de la gestion d'une entreprise individuelle à responsabilité limitée ou d'une société unipersonnelle (art. 408, al. 4, C. civ.) ;
- il prend les décisions et donne au tuteur les autorisations nécessaires pour la gestion des biens du mineur (art. 401, al. 3, C. civ.).

La protection du majeur vulnérable

Chapitre **16**

Lorsqu'en raison d'une altération de ses facultés personnelles physiques ou mentales, une personne n'est plus en mesure d'exercer ses droits, l'article 425 du Code civil prévoit qu'elle sera pourvue d'un régime de protection. Il est parfois possible de se limiter à une protection occasionnelle du majeur. La loi n° 2007-308 du 5 mars 2007 portant réforme de la protection juridique des majeurs, entrée en vigueur le 1er juillet 2009, opère une réforme importante du dispositif de protection des personnes vulnérables.

1 La protection occasionnelle des majeurs

■ Les cas de protection occasionnelle

Une protection occasionnelle du majeur peut s'avérer nécessaire dans deux cas :
- altération des facultés personnelles de courte durée (accès de folie, ivresse...) ;
- absence d'organisation d'un régime de protection, toujours facultative, alors même que l'altération des facultés mentales est durable.

■ Les modalités de la protection occasionnelle

Les articles 414-1 à 414-3 du Code civil permettent d'organiser cette protection occasionnelle du majeur, consistant à sanctionner les actes qui auraient été accomplis par une personne qui n'était pas saine d'esprit.

L'article 414-1 du Code civil prévoit qu'***un acte juridique ne peut être valable que si celui qui l'accomplit est sain d'esprit***. L'individu qui n'a pas toute sa raison n'est pas valablement engagé. C'est celui qui invoque le trouble mental qui devra prouver que celui-ci existait au moment de l'acte.

Selon l'article 414-2, alinéa 1er du Code civil, lorsque ***l'individu qui a passé l'acte est vivant***, il est le seul à pouvoir exercer l'action en nullité, représenté le cas échéant par son tuteur ou son curateur.

Lorsque ***l'individu qui a passé l'acte est décédé***, l'action en nullité, qui appartient aux héritiers, est soumise à conditions (sauf pour les donations entre vifs et le testament) en raison de la difficulté qu'il peut y avoir à prouver l'existence d'un trouble mental après un laps de temps supposé long, puisque l'individu est depuis lors décédé. Elle n'est possible que dans certains cas qui excluent en partie ou totalement le doute sur la réalité du trouble mental (art. 414-2, C. civ.) :

– si l'acte porte en lui-même la preuve d'un trouble mental ;
– si l'acte a été fait dans un temps où l'individu était placé sous la sauvegarde de justice ;
– si une action avait été introduite avant le décès aux fins de faire ouvrir la tutelle ou la curatelle ou si effet a été donné à un mandat de protection future.

L'action doit être exercée dans un délai de 5 ans.

L'article 414-3 du Code civil prévoit ***la subsistance de la responsabilité civile de celui qui a causé un dommage alors qu'il était sous l'empire d'un trouble mental*** : il devra réparer. La mise en œuvre de l'article 1382 du Code civil n'est donc pas exclue, dans un but de protection des victimes.

2 La protection durable du majeur

■ *Les éléments communs aux différentes mesures de protection du majeur*

Le juge des tutelles et le procureur de la République exercent une surveillance générale des mesures de protection du majeur vulnérable (art. 416, al. 1er, C. civ.).

a) Les conditions de fond

Peuvent faire l'objet d'une mesure de protection juridique le ***majeur et le mineur émancipé*** (art. 429, al. 1er, C. civ.). Lorsque l'intéressé est mineur, une demande en vue d'une mesure de protection peut être introduite et jugée dans la dernière année de sa majorité en vue de prendre effet le jour de sa majorité (art. 429, al. 2, C. civ.).

Le majeur peut bénéficier d'une mesure de protection juridique lorsqu'il se trouve dans l'***impossibilité de pourvoir seul à ses intérêts*** en raison d'une altération, médicalement constatée, soit de ses facultés mentales, soit de ses facultés corporelles de nature à empêcher l'expression de sa volonté (art. 425, al. 1er, C. civ.). La mesure est proportionnée et individualisée en fonction du degré d'altération des facultés personnelles de l'intéressé (art. 428, al. 2, C. civ.).

La mesure n'est prononcée que s'il ne peut être suffisamment pourvu aux intérêts de la personne par l'application des règles du droit commun de la représentation, de celles relatives aux droits et devoirs respectifs des époux et des règles des ***régimes matrimoniaux*** (notamment les art. 217, 219, 1426 et 1429, C. civ.), par une autre mesure de protection judiciaire moins contraignante ou par le mandat de protection future qui a pu être conclu antérieurement.

b) Les conditions de forme

L'ouverture d'une mesure peut être sollicitée par l'intéressé lui-même, son conjoint, son concubin ou le partenaire avec qui elle a conclu un pacte civil de solidarité (à moins que la vie commune ait cessé entre eux), un parent ou un allié, une personne entretenant avec le majeur des liens étroits et stables, la personne qui exerce à son égard une mesure de protection juridique ou par le procureur de la République soit d'office, soit à la demande d'un tiers (art. 430, C. civ.).

Le demandeur doit fournir au juge des tutelles, à peine d'irrecevabilité, un ***certificat circonstancié rédigé par un médecin*** choisi sur une liste établie par le procureur de la République (art. 431, C. civ.). La requête adressée au juge des tutelles doit également énumérer les ***membres de l'entourage*** de la personne à protéger et préciser si possible d'une part le nom du médecin traitant, d'autre part les éléments relatifs à la situation familiale, financière et patrimoniale du majeur (art. 1218-1, CPC).

Le juge ne peut statuer sans avoir ***vu***, ***entendu ou appelé*** la personne qui devrait être protégée, sauf lorsque l'audition serait de nature à porter atteinte à sa santé ou lorsque celui-ci est hors d'état d'exprimer sa volonté (art. 432, C. civ. et 1220-3, CPC).

La décision du juge doit intervenir dans l'année de la ***requête*** initiale. Elle doit être motivée, notifiée et peut faire l'objet d'un recours (art. 1239 à 1247, CPC). L'***appel*** est possible dans les 15 jours de la notification d'une décision procédant à l'ouverture d'une curatelle ou d'une tutelle, à l'initiative de toute personne qui était en droit de demander l'ouverture de la procédure (art. 1239, CPC), même si elle n'est pas intervenue à l'instance. L'appel contre la décision refusant l'ouverture de la tutelle ou de la curatelle n'est ouvert qu'au requérant. La décision ouvrant la sauvegarde de justice n'est susceptible d'aucun recours (art. 1249, CPC).

La sauvegarde de justice

Le régime de la sauvegarde de justice est un régime de protection temporaire. Il constitue le régime de protection le plus « léger » et ne peut constituer le plus souvent qu'une mesure temporaire (art. 433 à 439, C. civ.).

a) La mise en œuvre de la sauvegarde de justice

Le placement sous sauvegarde de justice peut faire suite à deux types de procédures :

- la sauvegarde de justice doit être envisagée lorsque l'intéressé a besoin d'une protection juridique temporaire ou d'être représentée pour l'accomplissement de certains actes déterminés en raison d'une altération, médicalement constatée, soit de ses facultés mentales, soit de ses facultés corporelles de nature à empêcher l'expression de sa volonté (art. 433, al. 1er, C. civ.). Cette mesure peut également être prononcée par le juge, saisi d'une procédure de curatelle ou de tutelle, pour la durée de l'instance (art. 433, al. 2, C. civ.) ;
- la sauvegarde de justice peut également résulter d'une déclaration faite par le médecin qui donne des soins à l'intéressé, au procureur de la République du lieu de traitement, lorsqu'il constate que celui-ci a besoin d'être protégé dans les actes de la vie civile pour l'une des causes prévue à l'article 425 du Code civil (art. L. 3211-6, C. santé publ. et art. 434, C. civ.).

Dans les deux cas, mention de la sauvegarde de justice est faite sur un ***registre spécial*** tenu au Parquet.

b) L'organisation de la sauvegarde de justice

La gestion du patrimoine de la personne protégée se fait par application de procédés de représentation :

- ***mandat conventionnel*** (art. 436, al. 1er, C. civ.) : le malade a pu désigner par avance un mandataire pour le cas où son état justifierait qu'une tierce personne administre ses biens ;
- ***gestion d'affaire*** (art. 436, al. 2 et 3, C. civ.) : elle s'applique à défaut de mandat. Les personnes qui auraient qualité pour demander l'ouverture de la tutelle ont l'obligation de faire les actes conservatoires que nécessite la gestion du patrimoine du malade, de même que celui qui héberge l'intéressé à son domicile et le directeur de l'établissement de traitement, lorsqu'ils ont eu connaissance tant de leur urgence que de la déclaration aux fins de sauvegarde ;
- ***mandat judiciaire*** (art. 437, C. civ.) : un mandataire spécial peut être désigné par le juge des tutelles s'il n'y a ni mandataire conventionnel, ni gestion d'affaire dans l'objectif d'accomplir un ou plusieurs actes déterminés, y compris des actes de disposition, dès lors qu'ils sont rendus

nécessaires par la gestion du patrimoine de la personne protégée (art. 437, al. 2, C. civ.). Le mandataire spécial peut également se voir confier une mission de protection de la personne (art. 438, C. civ.).

c) La condition du majeur sous sauvegarde de justice

La sauvegarde de justice est un ***régime de protection temporaire***. La personne placée sous sauvegarde de justice conserve l'exercice de ses droits (art. 435, al. 1er, C. civ.).

Les actes juridiques passés par la personne protégée ne sont pas nuls pour incapacité, mais ils peuvent être attaqués pour deux causes :

- ***insanité d'esprit au moment même de l'émission de la volonté*** : il s'agit d'appliquer les règles prévues à l'article 414-1 du Code civil (cf. protection occasionnelle) ;
- ***lésion ou excès*** : l'action en rescision pour lésion ou l'action en réduction pour excès, qui conduit à la nullité relative de l'acte, sont possibles. Le tribunal dispose dans cette hypothèse d'un large pouvoir d'appréciation. L'action « *n'appartient qu'à la personne protégée et, après sa mort, à ses héritiers* ». Elle peut être exercée dans un délai de 5 ans (art. 435, al. 3, C. civ.).

L'acte pour l'accomplissement duquel un mandataire spécial a été désigné par le juge des tutelles peut être annulé lorsqu'il a été accompli par la personne placée sous sauvegarde de justice (art. 435, al. 1er et 437, C. civ.).

d) La cessation de la sauvegarde de justice

La sauvegarde de justice prend fin :

- ***par l'ouverture d'une mesure de curatelle ou de tutelle*** à partir du jour où la nouvelle mesure de protection juridique prend effet (art. 439, al. 4, C. civ.) ;
- lorsque la sauvegarde de justice a été ouverte sur déclaration du médecin au procureur de la République, par déclaration faite au même procureur lorsque ***le besoin de protection temporaire cesse*** (art. 439, al. 3, C. civ.) ;
- suite à une ***radiation d'office*** par le procureur de la République s'il estime que le régime de protection n'est plus justifié (art. 439, al. 3, C. civ.) ;
- par la ***péremption*** : la mesure devient caduque à l'expiration d'un délai d'un an en l'absence de renouvellement ou après l'accomplissement des actes pour lesquels elle a été ordonnée (art. 439, al. 1er, C. civ. renvoyant à l'art. 442, al. 4, C. civ.). À défaut de mainlevée, de déclaration de cessation ou de radiation de la déclaration médicale, la sauvegarde de justice prend

également fin ***à l'expiration du délai ou après l'accomplissement des actes pour lesquels elle a été ordonnée*** (art. 439, al. 4, C. civ.) ;
- à l'initiative du juge à tout moment si le besoin de protection temporaire cesse (art. 439, al. 2, C. civ.) ;
- au décès de la personne protégée (art. 418, C. civ.).

■ *La tutelle et la curatelle*

a) Les principes communs à la tutelle et à la curatelle

1) La durée de la mesure

La tutelle et la curatelle peuvent prendre ***fin*** pour plusieurs causes (art. 443, C. civ.) :

par le ***décès du majeur*** protégé ;
- à l'***expiration du délai fixé*** pour la mesure en l'absence de ***renouvellement*** de celle-ci. La durée de la mesure de tutelle ou de curatelle est fixée par le juge dans la limite de 5 années (art. 441, C. civ.). La mesure est renouvelable pour une même durée (art. 442, al. 1er, C. civ.) ou pour une durée plus longue lorsqu'il apparaît que l'altération des facultés personnelles de l'intéressé n'apparaît manifestement pas susceptible de connaître une amélioration selon les données acquises de la science (art. 442, al. 2, C. civ.) ;
- par le jugement de mainlevée passé en force de chose jugée : le juge peut, ***à tout moment***, mettre fin à la mesure, la modifier ou lui substituer une autre mesure, après avoir recueilli l'avis de la personne chargée de la mesure de protection (art. 442, al. 3, C. civ.) ;
- par décision du juge lorsque ***la personne protégée réside hors du territoire national*** lorsque cet éloignement empêche le suivi et le contrôle de la mesure.

2) Les organes de protection

L'article 445 du Code civil renvoie pour le tuteur et le curateur aux règles fixées en matière de tutelle des mineurs. En l'absence de conseil de famille, les fonctions de celui-ci sont exercées par le juge des tutelles (art. 445, al. 1er, C. civ. *in fine*).

Le juge des tutelles ***désigne le curateur ou le tuteur*** (art. 447, al. 1er, C. civ.), sauf si l'intéressé avait déjà désigné les personnes chargées d'exercer les fonctions de curateur ou de tuteur pour le cas où il serait placé en curatelle ou en tutelle (art. 448, al. 1er, C. civ.). En l'absence de proche ou de famille susceptible d'exercer ces fonctions, le juge désigne un mandataire judiciaire à la protection des majeurs (art. 450, C. civ. et art. L. 471-2, CASF). Les membres des professions médicales et de la pharmacie, les auxiliaires médicaux ainsi que le fiduciaire désigné par le contrat de fiducie ne peuvent exercer une charge curatélaire ou tutélaire à l'égard de leurs patients (art. 445, al. 2, C. civ.).

Lorsqu'une personne est hébergée ou soignée dans un ***établissement de santé ou dans un établissement social ou médico-social***, le juge peut désigner une personne ou un service préposé de l'établissement inscrit sur la liste des mandataires judiciaires à la protection des majeurs (art. 451, al. 1er, C. civ.).

La curatelle et la tutelle sont des ***charges personnelles*** (art. 452, al. 1er, C. civ.) et en principe ***gratuites*** (art. 419, C. civ.).

Le ***subrogé-tuteur*** et le ***subrogé-curateur*** sont nommés uniquement lorsque le juge des tutelles l'estime nécessaire (art. 454, al. 1er, C. civ.). Ils ont pour rôle d'assister ou de représenter, selon le cas, la personne protégée lorsque les intérêts de celle-ci sont en opposition avec ceux du curateur ou du tuteur ou lorsque l'un ou l'autre ne peut lui apporter son assistance ou agir pour son compte en raison des limitations de sa mission (art. 454, al. 5, C. civ.). Les fonctions du subrogé-tuteur ou du subrogé-curateur ***cessent*** en même temps que celle du tuteur ou du curateur (art. 454, al. 7, C. civ.).

Lorsqu'à l'occasion d'un acte ou d'une série d'actes, il apparaît que les intérêts du curateur ou du tuteur sont en opposition avec ceux de la personne protégée ou lorsqu'il ne peut lui apporter son assistance ou agir pour son compte en raison des limitations de sa mission, un ***curateur ou un tuteur ad hoc*** peut être nommé par le juge à la demande du tuteur, du curateur, du procureur de la République, de tout intéressé ou d'office (art. 455, C. civ.).

À l'exception du conjoint, du partenaire du pacte civil de solidarité et des enfants de l'intéressé ainsi que des mandataires judiciaires à la protection des majeurs, le tuteur ou le curateur peut être ***remplacé*** à l'issue d'un délai de 5 ans (art. 453, C. civ.).

3) La publicité de la mesure

« *Les jugements portant ouverture, modification ou mainlevée de la curatelle ou de la tutelle ne sont* ***opposables aux tiers*** *que deux mois après que la mention en a été portée en marge de l'acte de naissance de la personne protégée selon les modalités prévues par le Code de procédure civile* » (art. 444, al. 1er, C. civ.) mais ils sont opposables aux tiers qui en ont personnellement connaissance même en l'absence de cette mention.

4) Les effets communs de la curatelle et de la tutelle quant à la protection de la personne

Le tuteur ou le curateur est tenu d'***informer la personne protégée***, selon des modalités adaptées à son état, sur sa situation personnelle, sur les actes accomplis, leur utilité, leur degré d'urgence, leurs effets et les conséquences d'un refus de sa part (art. 457-1, C. civ.).

Sauf dans les cas où la loi prévoit expressément le contraire, l'accomplissement des actes dont la nature implique un ***consentement strictement personnel*** ne donne jamais lieu à assistance ou représentation de la personne protégée (art. 458, al. 1er, C. civ.).

La personne protégée prend seule les ***décisions relatives à sa personne*** dans la mesure où son état le permet (art. 459, al. 1er, C. civ.). L'assistance n'est envisagée que lorsque l'état de la personne protégée ne lui permet pas de prendre seule une décision personnelle éclairée (art. 459, al. 2, C. civ.). Lorsque cette assistance se révèle insuffisante, il peut être nécessaire, le cas échéant après l'ouverture d'une mesure de tutelle, d'autoriser le tuteur à représenter l'intéressé.

La personne protégée choisit elle-même son ***lieu de résidence*** (art. 459-2, C. civ.) et ses relations personnelles, qu'il s'agisse ou non de parents (art. 459-2, al. 2, C. civ.)

5) Le sort des actes accomplis par la personne protégée

Les actes accomplis par le majeur en tutelle seul sont nuls de droit dès l'***inscription au répertoire civil*** (art. 465, C. civ.).

Les actes passés par la personne protégée moins de deux ans avant la publicité du jugement d'ouverture de la mesure de protection peuvent faire l'objet d'une ***action en réduction*** à condition que soit apportée la preuve que la personne souffrait, au moment de la conclusion de l'acte, d'une inaptitude à défendre ses intérêts, par suite de l'altération de ses facultés personnelles qui était notoire ou connue du cocontractant à l'époque où les actes ont été passés (art. 464, al. 1er, C. civ.). Si la preuve est apportée que la personne protégée a subi un préjudice, l'acte pourra être annulé (art. 464, al. 2, C. civ.). ***La nullité est relative.***

L'irrégularité des actes accomplis par la personne protégée ou par la personne chargée de sa protection est sanctionnée selon les cas par (art. 465, C. civ.) :

Origine de l'irrégularité	**Sanction de l'irrégularité**
La personne protégée a accompli seul un acte qu'elle pouvait faire sans l'assistance ou la représentation de la personne chargée de sa protection (sauf si l'acte a été expressément autorisé par le juge ou par le conseil de famille s'il a été constitué)	Action en rescision pour lésion ou en réduction pour excès
La personne protégée a accompli seule un acte pour lequel elle aurait dû être assistée	Action en nullité (nullité facultative)
La personne protégée a accompli seule un acte pour lequel elle aurait dû être représentée	Action en nullité (nullité de plein droit)

Dans tous les cas, l'action doit être exercée dans un délai de 5 ans.

b) Les règles propres à la tutelle

1) L'ouverture de la tutelle

La tutelle n'est organisée que s'il est établi que ni la sauvegarde de justice, ni la curatelle ne peuvent assurer une protection suffisante (art. 440, al. 3, C. civ.), c'est-à-dire lorsque l'intéressé « *doit être* ***représenté d'une manière continue*** *dans les actes de la vie civile* » (art. 440, al. 4, C. civ.). L'altération des facultés mentales ou corporelles du malade doit être constatée dans un certificat médical établi par un médecin habilité.

La tutelle du majeur nécessite une demande en justice, qui donnera lieu à une décision du juge des tutelles.

2) Le fonctionnement de la tutelle

Le Code civil prévoit désormais des dispositions communes au fonctionnement de la tutelle du mineur et du majeur aux articles 496 et suivants du Code civil.

Le ***conseil de famille*** n'est pas obligatoire dans la tutelle des majeurs. Le juge ne l'organise que dans les cas où les nécessités de la protection de la personne ou la consistance de son patrimoine le justifient et si la composition de sa famille et de son entourage le permet (art. 456, al. 1er, C. civ.). Il désigne alors les membres de ce conseil en tenant compte des sentiments exprimés par la personne protégée, de ses relations habituelles, de l'intérêt porté à son égard et des recommandations éventuelles de ses parents et alliés ainsi que de son entourage (art. 456, al. 2, C. civ.). Le conseil de famille désigne le tuteur, le curateur et éventuellement le tuteur *ad hoc* (art. 456, al. 3, C. civ.). Les règles applicables au fonctionnement du conseil de famille sont en principe les mêmes que celles relatives à la tutelle des mineurs (art. 456, al. 4, C. civ.).

La tutelle peut être pure et simple ou obéir à certaines particularités. Ainsi, le juge peut décider que la personne en tutelle aura la capacité de faire seule ou avec l'assistance du curateur certains actes qu'il énumère (art. 473, al. 2, C. civ.).

3) Les effets de la tutelle

La tutelle a pour conséquence de créer une ***incapacité générale et permanente***.

Les règles relatives à la gestion du patrimoine sont identiques à celles applicables à la ***tutelle des mineurs*** (art. 496 et s., C. civ.). Il s'agit d'un ***régime de représentation***. Le tuteur représente la personne protégée dans tous les actes de la vie civile (art. 473, al. 1er, C. civ.) et dans les actes nécessaires à la gestion de son patrimoine (art. 474, C. civ.). La personne placée sous tutelle est représentée en justice également par le tuteur (art. 475, al. 1er, C. civ.). Toutefois, le juge peut, dans le jugement d'ouverture ou ultérieurement, énumérer certains actes que la personne en tutelle aura la capacité de faire seule ou avec l'assistance du tuteur (art. 473, al. 2, C. civ.).

La personne sous tutelle peut faire des ***donations*** avec l'assistance ou la représentation de son tuteur autorisé par le juge ou le conseil de famille (art. 476, al. 1er, C. civ.). Elle ne peut faire seule son ***testament*** après l'ouverture de la tutelle qu'avec l'autorisation du juge ou du conseil de famille s'il a été constitué, à peine de nullité de l'acte (art. 476, al. 2, C. civ.) mais elle ne sera ni représentée, ni assistée par son tuteur. Elle peut également seule révoquer le testament fait avant ou après l'ouverture de la tutelle (art. 476, al. 3, C. civ.).

Le ***mariage*** du majeur en tutelle est possible dans un intervalle lucide avec l'autorisation du juge ou du conseil de famille s'il a été constitué et après audition des futurs conjoints et recueil, le cas échéant, de l'avis des parents et de l'entourage (art. 460, al. 2, C. civ.).

Lorsqu'une ***demande en divorce*** est formée contre le majeur sous tutelle, l'action est exercée contre le tuteur (art. 249-1, C. civ.). La demande en divorce émanant du majeur sous tutelle est présentée par le tuteur avec l'autorisation du conseil de famille s'il a été constitué et après audition de l'intéressé (art. 249, C. civ.). Un tuteur *ad hoc* est nommé lorsque le tuteur est le conjoint. Lorsqu'un époux bénéficie d'un régime de protection, toute demande en divorce pour consentement mutuel ou sur demande acceptée est exclue.

Le majeur sous tutelle doit être autorisé par le juge ou le conseil de famille pour signer ou modifier la convention de ***pacte civil de solidarité (PACS)*** mais son assistance est inutile au moment de la déclaration au greffe ou devant le notaire instrumentaire. Le majeur sous tutelle peut librement rompre le PACS par déclaration conjointe ou unilatéralement mais la signification prévue en cas de rupture unilatérale est opérée à la diligence du tuteur. La rupture unilatérale peut également être demandée par le tuteur (art. 462, al. 5, C. civ.).

Le majeur en tutelle est tenu de ***réparer le dommage*** qu'il a causé à autrui même s'il a agi sous l'empire de la maladie.

c) Les règles propres à la curatelle

1) L'ouverture de la curatelle

La curatelle est organisée en cas d'***altération des facultés mentales,*** dans le cadre de l'article 425 du Code civil. L'article 440, alinéa premier réserve la curatelle à « *la personne qui, sans être hors d'état d'agir elle-même, a besoin, pour l'une des causes prévues à l'article 425, d'être assistée ou contrôlée d'une manière continue dans les actes importants de la vie civile peut* *être placée en curatelle* ». La curatelle ne peut être prononcée que si la protection assurée par une sauvegarde de justice est insuffisante (art. 440, al. 2, C. civ.).

2) Le fonctionnement de la curatelle

Dans la curatelle, il n'y a pas de conseil de famille. Le seul organe de la curatelle est le ***curateur,*** auquel peut être adjoint un ***subrogé-curateur***. Le ***juge des tutelles*** peut donner une autorisation supplétive en cas de refus d'assistance du curateur à un acte (art. 469, al. 3, C. civ.).

3) Les effets de la curatelle

La curatelle est un ***régime d'assistance***.

Certains actes nécessitent l'assistance du curateur : il s'agit de tous les actes requérant l'autorisation du juge ou du conseil de famille dans la tutelle (art. 467, al. 1er, C. civ.). En outre, « *La personne en curatelle ne peut, sans l'assistance du curateur conclure un contrat de fiducie ni faire emploi de ses capitaux* » (art. 468, al. 2, C. civ.). L'assistance est également requise pour introduire une action en justice ou y défendre (art. 468, al. 3., C. civ.).

L'assistance du curateur se manifeste alors par l'apposition de sa ***signature*** à côté de celle de la personne protégée (art. 467, al. 2, C. civ.).

Le ***testament*** fait sans assistance du curateur est valable mais peut être attaqué par les héritiers pour insanité d'esprit (art. 470, al. 1er et art. 901, C. civ.). Les ***donations*** sont possibles sous le contrôle du curateur (art. 470, al. 2, C. civ.).

Le curateur doit donner son consentement au ***mariage*** (art. 460, al. 1er, C. civ.). À défaut, la personne placée sous curatelle peut solliciter l'autorisation du juge.

Le majeur sous curatelle doit être assisté de son curateur pour présenter une demande en divorce et se défend également avec l'assistance de celui-ci. Toute demande en divorce par consentement mutuel ou sur demande acceptée est exclue lorsque l'un des époux se trouve placé sous un régime de protection.

L'assistance du curateur est nécessaire pour signer la convention de ***pacte civil de solidarité*** (***PACS)*** mais pas pour la déclaration au greffe du tribunal d'instance (art. 461, al. 1er, C. civ.). Le majeur sous curatelle peut librement rompre le PACS par déclaration conjointe ou unilatéralement mais il doit être assisté par son curateur pour la signification prévue en cas de rupture unilatérale (art. 461, al. 3, C. civ.).

Il existe des modalités particulières de curatelle :

- ***curatélaire à capacité étendue*** : le majeur protégé a la capacité de faire certains actes juridiques qui demanderait normalement l'assistance du curateur (art. 471, C. civ.) ;

- ***curatélaire à capacité restreinte*** : le juge peut accroître le nombre d'actes que le majeur ne pourra passer qu'avec l'assistance de son curateur (art. 471, C. civ.) ;
- ***curatélaire renforcée*** : le maniement des revenus est confié au curateur (art. 472, C. civ.). Le curateur assure lui-même le règlement des dépenses auprès des tiers et dépose l'excédent sur un compte laissé à la disposition de l'intéressé ou le verse entre ses mains.

■ *Le mandat de protection future*

Le mandat de protection future est un acte notarié ou sous seing privé, qui permet à un mandant de désigner une personne de confiance chargée de le représenter pour le cas où il ne pourrait plus gérer seul, pour raisons de santé ou altération des facultés liées à l'âge, ses intérêts personnels et/ou patrimoniaux. Il est également possible de conclure un mandat de protection future « pour autrui », dans l'objectif d'assurer la protection d'un enfant mineur ou d'un enfant majeur handicapé, qui s'appliquera à compter du décès du mandant ou lorsqu'il ne sera plus en mesure de s'occuper de son enfant.

a) Les conditions du mandat de protection future

Le ***mandant*** est un mineur émancipé ou d'un majeur (art. 477, C. civ.). Une personne sous tutelle ne peut pas conclure un tel mandat et celle sous curatelle doit être assistée de son curateur.

Le ***mandataire*** peut être toute personne physique choisie par le mandant ou toute personne morale inscrite sur la liste des mandataires judiciaires à la protection des majeurs (art. 480, C. civ.).

Le mandat peut être conclu par ***acte sous seing privé ou par acte notarié*** (art. 477, al. 4, C. civ.). Le mandat de protection future « pour autrui » doit être notarié.

b) Les effets du mandat de protection future

« *Le mandat* ***prend effet*** *lorsqu'il est établi que le mandant ne peut plus pourvoir seul à ses intérêts* » (art. 481, al. 1er, C. civ.). Le mandataire doit alors produire au greffe du tribunal d'instance le mandat et un certificat médical établissant que le mandant se trouve dans l'une des situations prévues à l'article 425 du Code civil (art. 481, al. 2, C. civ.).

Le mandat de protection future est soumis aux règles du droit commun du mandat (art. 1984 à 2010, C. civ.) lorsqu'elles ne sont pas incompatibles avec celles fixées spécifiquement en matière de mandat de protection future (art. 478, C. civ.).

Le mandat de protection future peut concerner ***la personne, les biens ou seulement l'un des deux***. Lorsque le mandat s'étend à la protection de la personne, les droits et obligations du mandataire sont définis par les articles 457-1 à 459-2 (art. 479, al. 1er, C. civ.).

Les actes et engagements passés par une personne faisant l'objet d'un mandat de protection future et mis à exécution pendant la durée du mandat peuvent être ***rescindés pour simple lésion ou réduits en cas d'excès*** (art. 488, C. civ.). Ils peuvent également être annulés en application du principe selon lequel un acte ne peut être valable que s'il est conclu par une personne saine d'esprit (art. 414, C. civ.).

Un tel mandat notarié confère au mandataire la possibilité de ***conclure tous les actes patrimoniaux qu'un tuteur peut accomplir seul ou avec une autorisation du juge des tutelles*** (art. 490, C. civ.). Une autorisation du juge des tutelles est requise pour accomplir les actes de disposition à titre gratuit (art. 490, al. 2, C. civ.).

Le mandat ***prend fin*** par le rétablissement des facultés personnelles du mandant, le décès du mandant ou du mandataire ou le placement sous tutelle de l'un des deux ou la révocation prononcée par le juge des tutelles (art. 483, C. civ.).

Le juge peut également suspendre les effets du mandat pour le temps d'une mesure de sauvegarde de justice (art. 483, al. 2, C. civ.). Il peut, lorsqu'il met fin au mandat, le remplacer par une mesure de protection juridique ou faire coexister les deux types de mesures (art. 485, C. civ.).

■ *La mesure d'accompagnement judiciaire*

La mesure d'accompagnement judiciaire a pour vocation de remplacer la tutelle aux prestations sociales.

Elle peut être prononcée lorsque les mesures d'accompagnement social personnalisé (art. L. 271-1 à L. 271-5, CASF) au profit d'une personne majeure « *n'ont pas permis une gestion satisfaisante par celle-ci de ses prestations sociales et que sa santé ou sa sécurité en est compromise* » (art. 495, al. 1er, C. civ.).

En présence d'un époux non séparé de corps, il n'y a pas lieu de prononcer la mesure d'accompagnement judiciaire lorsque les règles des régimes matrimoniaux (art. 217, 219, 1426 et 1429) permettent une gestion satisfaisante des prestations sociales de l'intéressé par son conjoint (art. 495, al. 2, C. civ.).

La mesure d'accompagnement judiciaire n'est pas envisageable lorsque le majeur bénéficie déjà d'une mesure de protection juridique (art. 495-1, al. 1er, C. civ.).

La mesure est prononcée par le juge des tutelles, qui statue après avoir entendu ou appelé l'intéressé (art. 495-2, C. civ.). Le juge fixe la ***durée de la mesure*** dans une limite de deux années (art. 495-8, C. civ.). Elle peut être renouvelée à la demande de la personne protégée, du mandataire ou du procureur de la République. La durée totale de la mesure ne peut excéder 4 ans.

La mesure a pour objectif de rétablir l'autonomie de l'intéressé dans la gestion de ses ressources (art. 495, al. 1er, C. civ. *in fine*). Elle n'entraîne ***aucune incapacité*** (art. 495-3, C. civ.) et ne porte sur les prestations sociales que si le juge les détermine à partir d'une liste fixée par décret (art. 495-4, al. 1er, C. civ.).

Le mandataire est choisi par le juge sur une liste prévue à l'article L. 471-2 du Code de l'action sociale et des familles (art. 495-6, C. civ.).

Le mandataire judiciaire a trois missions principales (art. 495-7, C. civ.) :

- il ***perçoit les prestations*** déterminées par le juge qui sont versées sur un compte ouvert au nom de la personne auprès d'un établissement habilité à recevoir des fonds du public ;
- il ***gère ces prestations*** dans l'intérêt de la personne en tenant compte de son avis et de sa situation familiale ;
- il exerce auprès de l'intéressé une ***action éducative*** tendant à rétablir les conditions d'une gestion autonome des prestations sociales.

BIBLIOGRAPHIE

– BATTEUR (A.), *Droit des personnes, des familles, et des incapacités*, LGDJ, 7e éd., 2013 ; (sous la direction de), « Les grandes décisions du droit des personnes et de la famille », LGDJ, 2012.

– BENABENT (A.), *Droit civil, Les personnes*, Montchrestien, coll. « Précis Domat », 2e éd., 2012.

– BUFFELAN-LANORE (Y.) et LARRIBEAU-TERNEYRE (V.), *Droit civil : Introduction, personnes, famille*, Dalloz-Sirey, 18e éd., 2013.

– CARBONNIER (J.), *Droit civil,* Coffret 2 volumes, PUF, 2004.

– GOUBEAUX (G.) et VOIRIN (P.), *Droit civil, Tome 1, Personnes, famille, incapacités, biens, obligations, sûretés*, LGDJ, 34e éd., 2013.

– MALAURIE (Ph.), *Les personnes, La protection des mineurs et des majeurs,* Defrénois, 7e éd., 2014.

– RENAULT-BRAHINSKY (C.), *Mémento LMD – Droit des personnes et de la famille*, Gualino éditeur, Coll. « Fac-Universités », 13e éd., 2014.

– TERRÉ (F.) et FENOUILLET (D.), *Droit civil – Les personnes, La famille, Les incapacités*, Précis Dalloz, 8e éd., 2011.

– TEYSSIÉ (B.), *Droit civil, Les personnes*, Litec, 15e éd., 2014.

Achevé d'imprimer par France Quercy, 46090 Mercuès
N° d'impression : 40876 - Dépôt légal : juillet 2014

IMPRIM'VERT

Imprimé en France